DIETA CETOGÉNICA COMPLETA PARA PRINCIPIANTES

D1608884

DIETA CETOGÉNICA COMPLETA PARA PRINCIPIANTES

Guía esencial para vivir al estilo cetogénico

AMY RAMOS

Primera edición: septiembre de 2018
Primera reimpresión: noviembre de 2019

Título original: *The Complete Ketogenic Diet for Beginners*

Traducción: Begoña Merino Gómez

Créditos fotográficos (cubierta): AdobeStock/nata_vkusidey; AdobeStock/VRD; AdobeStock/
iprachenko; AdobeStock/ Sergey Shcherbakov. Stockfood/Charlotte Tolhurst, pág.2; Stockfood/
Joana Leitão, pág. 12; Stockfood/Thorsten Kleine Holthaus, pág. 22; Stockfood/Jonathan Gregson,
pág. 36; Stocksy/Harald Walker, pág. 48; Shutterstock/Alexpro9500, pág. 60; Stockfood/Maya
Visnyei, pág. 72; Stockfood/Tina Rupp, pág. 90; Stockfood/Hein van Tonder, pág. 104; Stockfood/
Ryla Campbell, pág. 116; Stockfood/Westend61, pág. 128; Stockfood/Myles New, pág. 142.

De la presente edición en castellano:
© Gaia Ediciones, 2017
   Alquimia, 6 - 28933 Móstoles (Madrid) - España
   Tels.: 91 614 53 46 - 91 614 58 49
   www.alfaomega.es - E-mail: alfaomega@alfaomega.es

Depósito legal: M. 23.777-2018
I.S.B.N.: 978-84-8445-727-5

Impreso en España por:
Artes Gráficas COFÁS, S.A. - Móstoles (Madrid)

ÍNDICE

LISTADO DE SINÓNIMOS

Achicoria (radicheta, escarola)

Aguacate (avocado, palta, cura, abacate, cupandra)

Aguaturma (pataca, tupinambo, alcachofa de Jerusalén, castaña de tierra, batata de caña)

Albaricoque (damasco, chabacano, arlbérchigo, alberge)

Alforfón (trigo sarraceno)

Alubias (judías, frijoles, mongetes, porotos, habichuelas)

Apio nabo (apionabo, apio rábano)

Arándanos rojos (cranberries)

Azúcar glas (azúcar glacé)

Azúcar mascabado (azúcar mascabada, azúcar moscabada, azúcar de caña)

Beicon (bacón, panceta ahumada)

Batata (camote, boniato, papa dulce, chaco)

Bayas asai (fruto palma murraco o naidi)

Bok choy (col china, repollo chino, pak choy)

Brócoli (brécol, bróculi)

Calabacín (zucchini)

Calabaza (zapallo, ayote, auyamas, bonetera)

Caqui (kaki)

Carambola (tamarindo, fruta estrella, cinco dedos, vinagrillo, pepino de la India, lima de Cayena, caramboleiro, estrella china)

Cebolleta (cebolla verde, cebolla de invierno, cebolla de verdeo, cebolla inglesa)

Chirivía (pastinaca, zanahoria blanca)

Cilantro (culantro, coriandro, alcapate, recao, cimarrón)

Col (repollo)

Colinabo (rutabaga, nabo de Suecia)

Desnatado (descremado)

Diente de león (achicoria amarga, amargón, radicha, panadero, botón de oro)

Echinacea (equinácea)

Frambuesa (sangüesa, altimora, chardonera, mora terrera, uva de oso, zarza sin espinas, fragaria, churdón)

Fresa (frutilla)

Gambas (camarones)

Guindilla (chile)

Guisante (arveja, chícharo, arbeyu)

Hierba de trigo (wheat grass)

Hierbabuena (batán, hortelana, mastranzo, menta verde, salvia, yerbabuena)

Jicama (nabo)

Judía verde (ejote, chaucha, vainita, frijolito, poroto verde)

Judías (frijoles, alubias, porotos, balas, caraotas, frejoles, habichuelas)

Linaza (semillas de lino)

Lombarda (col morada, col lombarda, repollo morado)

Mandarina (tangerina, clementina)

Mandioca (yuca, casava, tapioca)

Mango (melocotón de los trópicos)

Mantequilla (manteca)

Melocotón (durazno)

Menta (mastranto)

Mostaza parda (mostaza oriental, china o de India)

Nabo (rábano blanco)

Nectarina (briñón, griñón, albérchigo, paraguaya, berisco, pelón)

Nueces pecanas (nueces pacanas, nueces de pecán)

Papaya (fruta bomba, abahai, mamón, lechosa, melón papaya)

Patata (papa)

Pepino (cogombro, cohombro, pepinillo)

Pimentón (páprika, paprika, pimentón español)

Pimienta de cayena (chile o ají en polvo, merkén, cayena)

Pimiento (chile o ají)

Piña (ananá, ananás)

Pipas (semillas o pepitas de girasol)

Plátano (banana, cambur, topocho, guineo)

Plátano macho (plátano verde, plátano para cocer, plátano de guisar, plátano hartón)

Pomelo (toronja)

Quinoa (quínoa, quinua, quiuna, juba, jiura)

Requesón (queso blando)

Remolacha (betabel, beterrada, betarraga, acelga blanca, beteraba)

Rúcula (rúgula)

Salsa de soja (salsa de soya, shoyu)

Sandía (melón de agua, patilla, aguamelón)

Sésamo (ajonjolí, ejonjilí, ajonjolín, jonjolé)

Sirope (jarabe)

Tabasco (salsa picante)

Tomate (jitomate, jitomatera, tomatera)

Yaca (panapén, jack)

Zumo (jugo)

PRÓLOGO

MIS PARIENTES ITALIANOS AÚN SE BURLAN DE MÍ CUANDO NO COMO PAN DURANTE LA CENA. «¡Pero si es fin de semana! Nadie hace dieta el fin de semana». Para que se entienda bien, no puedes interrumpir tu dieta cetogénica los fines de semana. No disimulas y coges un bombón de la caja mientras nadie mira. Para entrar en cetosis se requiere dedicación a tiempo completo, pero una vez superes el antojo de carbohidratos la primera semana, te sentirás tan lleno de energía que dejarás de comer donuts y puré de patatas sin problemas.

Durante la última década, he hablado con todo tipo de personas que siguen una dieta cetogénica. Esta dieta se ha usado de forma informal para tratar la epilepsia desde al menos el año 500 a.C., y los médicos han comenzado a recomendarla desde la década de 1920 [1]. Pero lo más frecuente es que la gente contacte conmigo por otras muchas razones, no solo porque tienen epilepsia y necesitan cambiar de dieta. He hablado con pacientes que siguen este programa porque se lo ha recomendado un nutricionista de su centro de oncología, o con otros que lo siguen para combatir la ansiedad y la depresión. Además de la pérdida de peso, a mí me ayudó a acabar con el vértigo crónico, que me había impedido conducir durante tres años.

Se dice que el desequilibrio en la glucosa, resultado de una dieta con alto contenido en pan, azúcares, almidón y pasta, es perjudicial para el cerebro, así que con razón se sustituye la glucosa por cetonas. Una dieta cetogénica puede ayudar a restaurar la función cerebral de las personas que padecen demencia y enfermedad de Alzheimer (a la que a veces se llama también diabetes tipo 3 [2]). Un cerebro que no funciona con azúcar es un cerebro feliz. Este libro que estás a punto de leer es una guía excelente para seguir una dieta cetogénica, independientemente de los kilos que quieras perder, o del grado en que quieras recuperar tu vida.

Cuando empieces una dieta, debes pensar que te estás adaptando a un estilo de vida más saludable. Sin embargo, en la comunidad de seguidores de la dieta cetogénica, encon-

---

1 https://ww.ncbi.nlm.nih.gov/pubmed /19049574

2 https://www.ncbi.nlm.nih.gov/pmc/articles/PMC2769828/

trarás a menudo foros y grupos en Facebook llenos de comida basura. (Coge tu hamburguesa de una cadena de comida rápida, tira el pan y cómete el relleno. Ya tienes una receta cetogénica).

Lo que me encanta de este libro es que pone en primer plano los ingredientes saludables sin ningún esnobismo. Esta dieta es rica en grasas, así que ¿por qué no escoger los alimentos más saludables, que aportan beneficios a la salud, como el aceite de coco, la mantequilla clarificada o el aguacate? Olvidémonos de los aceites muy procesados, como los vegetales y los de soja.

Además, en este libro encontrarás ejemplos específicos; por ejemplo, puedes comer bayas, pero no plátanos, porque superan la ingesta diaria recomendada de hidratos de carbono. Y el capítulo 2, que te explica cómo preparar tu cocina, te dice qué menaje y aparatos necesitas para elaborar deliciosas comidas cetogénicas (sobre todo, no olvides la sartén de hierro fundido).

La sección sobre las alternativas adecuadas para una cetodieta es particularmente útil. Por lo general no sabemos que una taza de leche tiene 13 g de carbohidratos netos, y que en cambio la leche de almendras sin azúcar no tiene carbohidratos, y además es supersabrosa. He conocido a mucha gente que daba por supuesto que podía comer arroz (es como una paleodieta, ¿verdad?). Y debo decir que el arroz tiene 44 carbohidratos netos por taza de café. Cuando les dices que el objetivo es tomar menos de 20 carbohidratos netos por día, se quedan muy sorprendidos.

Y probablemente mi parte favorita de este libro es que cada receta no tiene más de 6 g de carbohidratos. Disfruta de él y de tu camino a un bienestar cetogénico.

Amanda C. Hughes
Cetococinera en WickedStuffed.com
Autora de *Keto Life* y *The Wicked Good Ketogenic Diet Cookbook*

INTRODUCCIÓN

SI SIGUES ESTE LIBRO COMO GUÍA, podrás materializar el cambio de estilo de vida que millones de personas ya han alcanzado. Puedes sentirte y tener un aspecto genial comiendo alimentos saludables, naturales y deliciosos. Todo ello aportará beneficios a tu salud mental y física, y te proporcionará energía de forma constante durante el día.

Para conseguirlo, tendrás que entender, de forma general, cómo funciona tu cuerpo y qué implica seguir una dieta.

Bajo en grasas, bajo en calorías, sin gluten, dieta Atkins, Weight Watchers, dieta de South Beach… La lista de dietas es interminable. Para seguir casi todas ellas, tienes que pasar hambre, comer alimentos insípidos y aburridos, contar las calorías de forma estricta o pasar por varias fases de iniciación. El principal problema de estas dietas es que no siempre tienen un fundamento nutricional sólido y que no te llenan lo suficiente. Eso no es seguro ni sostenible. No puede considerarse un estilo de vida.

Las dietas más eficaces tienen algo en común: reducen la cantidad de alimentos ricos en carbohidratos. Los estudios muestran que las personas que siguen dietas bajas en carbohidratos pierden más peso que quienes siguen dietas bajas en grasas y reducen la cantidad de calorías. Además, en el caso de los primeros, suelen observarse mejores cifras en indicadores de salud como los triglicéridos, el azúcar en sangre y los valores de insulina, entre otros.

Todo esto es sencillamente el resultado de la forma en que funciona el cuerpo. Cuando comes carbohidratos, tu organismo los descompone para formar glucosa, un azúcar simple que aumenta de forma rápida y significativa la cantidad de azúcar en la sangre. Luego, el cuerpo produce insulina para reducir este pico de azúcar. Cuando este ciclo se repite año tras año, necesita producir cada vez más insulina para lograr los mismos resultados. Eso significa que puede convertirse en insulinorresistente, y es frecuente que esta resistencia se convierta en prediabetes, síndrome metabólico y, finalmente, en diabetes tipo 2.

Según los datos de 2012 de la Asociación Americana de la Diabetes (ADA, por sus siglas en inglés), más de 1 de cada 3 adultos en Estados Unidos tiene prediabetes, y casi 1 de cada 10 es diabético. Los datos de los Centros para el Control y la Prevención de Enfermedades (CDC) muestran que el número de adultos obesos en Estados Unidos ha aumentado desde la década de 1980 del 15 % al 35 % entre la población de 20 a 74 años. Este incremento solo puede atribuirse a un cambio en la dieta a escala nacional.

El Departamento de Agricultura de Estados Unidos (USDA, por sus siglas en inglés) publicó por primera vez sus recomendaciones dietéticas en 1980. Uno de los consejos era reducir en gran medida la ingesta de grasas y aceites, además de los dulces; en cambio, los carbohidratos tenían que constituir la mayor parte del consumo diario de alimentos. Poco después de que publicara la *Guía de la pirámide de la alimentación*, en la que los carbohidratos ocupan la sección más grande, recomendó que se tomaran de 6 a 11 raciones diarias. También aconsejó tomar de 2 a 4 porciones de fruta (que contiene azúcares naturales) al día. Desde entonces, estas directrices siguen utilizándose, décadas después, como referencia en la consulta del médico de cabecera para educar al consumidor estadounidense. También se utiliza en los Centros para el Control y la Prevención de Enfermedades y en muchas otras organizaciones públicas.

Aun hoy, la Asociación Americana de la Diabetes fomenta el consumo de «carbohidratos saludables» en la dieta de las personas diabéticas en lugar de eliminarlos en gran medida de su alimentación. Si los carbohidratos acaban convirtiéndose en azúcar, y el azúcar acaba causando la mayoría de estas enfermedades, ¿por qué se nos dice que los carbohidratos deben ocupar un lugar principal en nuestra dieta? No existen carbohidratos esenciales. El organismo puede crear la glucosa que necesita a través de un proceso llamado gluconeogénesis, realizado por el hígado, que convierte el glicerol en glucosa a partir de las grasas.

En cambio, seguro que te han dicho que las grasas saturadas y monoinsaturadas provocan enfermedades del corazón, colesterol alto y muchos otros problemas de salud. En la última década, docenas de estudios y múltiples metaestudios (estudios que analizan los resultados de otros estudios) en los que se ha investigado a más de 900 000 personas y que han utilizado 100 fuentes de datos distintas, han llegado a conclusiones similares. Comer grasas saturadas y monoinsaturadas no aumenta el riesgo de padecer una enfermedad cardíaca, ni a corto ni a largo plazo.

La mayoría de las grasas son beneficiosas y esenciales para nuestra salud, por eso existen los ácidos grasos esenciales y los aminoácidos esenciales (las proteínas). Las grasas son la forma más eficiente de energía: cada gramo contiene alrededor de 9 calorías. Eso es más del doble de las calorías presentes en los carbohidratos y las proteínas (4 calorías por gramo).

Cuando tomas muchas grasas y proteínas y reduces en gran medida los carbohidratos, tu cuerpo se adapta y, para obtener energía, convierte la grasa y las proteínas (además de la grasa que ha almacenado) en cuerpos cetónicos o cetonas. Este proceso metabólico se llama cetosis.

De aquí viene la palabra «cetogénica», que da nombre a esta dieta.

En este libro encontrarás todo lo que necesitas para conseguir los beneficios de una dieta cetogénica: cocina sencilla, pérdida de peso y consejos para mantener estas metas a largo plazo.

EL
ESTILO
DE VIDA
CETOGÉNICO

PRIMERA PARTE

CAPÍTULO 1

POCOS CARBOHIDRATOS, MUCHAS GRASAS

SEGUIR UNA DIETA BAJA EN CARBOHIDRATOS y con alto contenido en grasas ayuda a perder peso. Lo más importante, según un número cada vez mayor de estudios, es que ayuda a reducir los factores de riesgo de diabetes, enfermedades cardiovasculares, ictus, enfermedad de Alzheimer y epilepsia, entre otros trastornos. La dieta cetogénica anima a consumir alimentos frescos como carne, pescado, vegetales y grasas y aceites sanos, y limita en gran medida el consumo de alimentos procesados, que son aquellos que sufren procesos químicos. Esta es una dieta que puedes encontrar satisfactoria y mantener a largo plazo. ¡Cómo no disfrutar de un régimen de comidas que te anima a tomar beicon con huevos para desayunar! Los estudios demuestran de forma consistente que la dieta cetogénica ayuda a perder peso, mejora el nivel de energía durante el día y mantiene la sensación de saciedad durante más tiempo. El aumento de los niveles de energía y la saciedad se atribuyen a que la mayoría de las calorías proceden de las grasas (el cuerpo las digiere muy lentamente y son densas desde un punto de vista calórico). Como resultado, las personas que siguen esta dieta consumen menos calorías, porque se mantienen sin apetito durante más tiempo y no sienten la necesidad de comer tanto ni con tanta frecuencia.

Los carbohidratos (el azúcar) provocan picos de glucosa en sangre, lo que resulta en un descenso repentino poco después, seguido de la necesidad de más carbohidratos. Este ciclo provoca picos constantes en la insulina, que puede acabar causando prediabetes y diabetes tipo 2.

¿Qué razones hay para adoptar una dieta cetogénica?

Cuando sigues una dieta cetogénica, tu cuerpo convierte las grasas en energía de forma más eficiente.

Esto es positivo por múltiples razones, y una de las más importantes es que las grasas contienen más del doble de calorías que la mayoría de carbohidratos, así que necesitas comer mucha menos cantidad de alimentos cada día. Tu cuerpo quema más fácilmente la grasa que ha almacenado (esa de la que estás intentando librarte), lo que da como resultado que pierdes más peso. El uso de grasa para obtener energía te aporta niveles energéticos constantes y no provoca el aumento de la glucosa en sangre, por lo que no sufres los altibajos que se producen cuando se toman grandes cantidades de carbohidratos. Unos valores de energía regulares durante el día implican que puedes hacer más cosas y agotarte menos.

Además de estos beneficios, se ha demostrado que, a largo plazo, con la dieta cetogénica:

- Se pierde más peso; en concreto, más grasa corporal.
- Se reduce el nivel azúcar en sangre y también la resistencia a la insulina (por lo general, la prediabetes y la diabetes tipo 2 se revierten).
- Se reducen los valores de triglicéridos.
- Se reduce la presión arterial.
- Se mejoran las cantidades de colesterol HDL (bueno) y LDL (malo).
- Se mejora la función cerebral.

Entrar en cetosis

Cuando sigues una dieta con alto contenido en carbohidratos, el cuerpo se halla en un estado metabólico de glucólisis, lo que simplemente significa que la mayor parte de la energía que utiliza proviene de la glucosa presente en la sangre. En este estado, después de cada

AYUDA PARA TU NUEVO ESTILO DE VIDA

Cuando comiences una dieta cetogénica, es importante que tus amigos más cercanos y tus familiares sepan que vas en serio y qué alimentos vas a evitar. Esto te será útil durante las comidas y las salidas. Tal vez tengas que afrontar una cierta resistencia al principio, pero es algo completamente normal. La dieta alta en carbohidratos y baja en grasas ha sido la habitual de la mayoría de las personas durante mucho tiempo, y la dieta que tú vas a seguir implica un cambio completo de ese hábito. Solo céntrate en ti y en tu progreso. Muy pronto, tus altos niveles de energía, tu aspecto más delgado y tu actitud general más positiva atraerán la curiosidad incluso de los más escépticos.

Un gran lugar para conseguir apoyo al principio es www.reddit.com/r/keto (en inglés). Encontrarás cientos de miles de personas de todo el mundo que publican sus experiencias, consiguen sus objetivos y se apoyan mutuamente durante el proceso.

comida, la cantidad de glucosa en sangre aumenta —lo que hace que los valores de insulina se incrementen—, se promueve el almacenamiento de grasa corporal y se bloquea la liberación de grasa de los tejidos adiposos.

En cambio, una dieta baja en carbohidratos y con alto contenido en grasas hace que el cuerpo entre en cetosis metabólica. Tu cuerpo descompone la grasa en cuerpos cetónicos (cetonas) que usará como principal fuente de energía. Al entrar en cetosis, el organismo quema grasa para obtener energía, y las reservas de grasa se liberan y se consumen de forma constante. Es un estado normal, siempre que dejes de tomar carbohidratos durante unos días, tu cuerpo hará esto de forma natural.

> Las grasas (los ácidos grasos) y las proteínas (los aminoácidos) son esenciales para la supervivencia. No existen carbohidratos esenciales; ese concepto, sencillamente, no existe.

La mayoría de las células de tu cuerpo utilizan cetonas y glucosa para obtener energía. En el caso de las células que solo pueden tomar glucosa, como las células de algunas partes del cerebro, la obtención de glucosa se lleva a cabo a partir del glicerol derivado de las grasas de la dieta, que el hígado convierte en glucosa mediante un proceso llamado gluconeogénesis.

El principal objetivo de la dieta cetogénica es mantener la cetosis nutricional de forma permanente. Quienes acaban de comenzar esta dieta tardarán entre cuatro a ocho semanas en llegar a un estado de cetosis completo y permanente.

Una vez alcanzado ese punto, el glucógeno (la glucosa almacenada en los músculos y el hígado) disminuye, el peso corporal constituido por agua se reduce, aumenta la resistencia muscular y los niveles generales de energía son mayores que antes. Además, si sales del estado de cetosis por comer demasiados carbohidratos, vuelves a él mucho antes que cuando no estabas cetoadaptado. Cuando esto ocurra, por lo general podrás comer hasta 50 gramos de carbohidratos por día manteniendo la cetosis.

QUÉ HACER SI TIENES DIABETES

Si tienes diabetes, una dieta baja en carbohidratos te resultará beneficiosa. Puedes empezar a revertir la diabetes tipo 2, si es tu caso; y si sufres diabetes tipo 1, el control del azúcar en sangre puede mejorar mucho.

Consulta siempre a tu médico antes de comenzar una dieta baja en carbohidratos, en especial si tienes diabetes tipo 1, porque si estás tomando medicamentos, es posible que tengas que reducir la dosis inmediatamente. El médico puede recomendarte hacer una prueba bajo su supervisión para seguir tus niveles de glucosa en sangre y la dosis de insulina. Además, en el caso de la diabetes tipo 1 debes comer más de 50 gramos de carbohidratos por día para prevenir la cetoacidosis.

La tabla que figura a continuación muestra los contenidos en carbohidratos de alimentos habituales (las grasas, el pescado, las aves y las carnes no contienen carbohidratos).

INGREDIENTE	TAMAÑO DE LA RACIÓN	CARBOHIDRATOS (g)	CALORÍAS
PATATA	1 grande asada sola	56	283
ARROZ	1 taza, blanco o integral	50	223
AVENA	1 taza, seca	49	339
JUDÍAS PINTAS (COCIDAS)	1 taza	45	245
BAGEL	1 pieza	44	245
YOGUR	1 taza con sabor a frutas desnatado	42	225
MAÍZ (COCINADO)	1 taza	41	177
ESPAGUETI	1 taza	40	221
PIZZA	1 ración con queso	39	290
ZUMO DE MANZANA	1 taza	28	113
BONIATO	1 grande	28	118
ZUMO DE NARANJA	1 taza	26	112
MUFFIN	1 pieza	25	130
GOFRE	1 (18 cm de ancho)	25	218
PLÁTANO	1 mediano	24	105

INGREDIENTE	TAMAÑO DE LA RACIÓN	CARBOHIDRATOS (g)	CALORÍAS
MANZANA	1 mediana	21	81
CEREALES, LISTOS PARA TOMAR	1 taza	18	103
TORTITAS	13 cm de diámetro	15	90
LECHE	1 taza	12	103
PAN	1 rebanada, blanco	12	66
GUISANTES	½ taza	12	63
FRESAS	1 taza	11	45
PEPINO	20 cm de largo	9	47
CEBOLLA AMARILLA	1 mediana	8	44
BRÓCOLI	1 tallo	6	51
CALABACÍN	1 mediano	4	33
ZANAHORIA	1 mediana	4	25
TOMATE	1 mediano	3	22
CHAMPIÑÓN DE PARÍS BLANCO	1 taza	2	15
HUEVO	1 grande	0.6	78
ESPINACAS	1 taza	0.4	7

La cetoacidosis es un estado metabólico tóxico que surge cuando el cuerpo no consigue regular la producción de la cetona. El resultado es una acumulación grave de cetoácidos, lo que hace bajar el valor del pH de la sangre, que acaba resultando más ácida. Las causas más comunes de la cetoacidosis son la diabetes tipo 1, el alcoholismo de larga duración y el hambre extrema, que pueden dar lugar a cetoacidosis diabética, cetoacidosis alcohólica y cetoacidosis por inanición.

Dieta en proporciones

Al igual que la pirámide de los alimentos del Departamento de Agricultura de Estados Unidos, la dieta cetogénica se basa en proporciones. Es importante alcanzar el equilibrio correc-

CONTROLA TU CETOSIS

Cuando empiezas por primera vez una dieta cetogénica, es importante que sepas si estás en cetosis, y cuándo, una vez que empiezas a comer pocos carbohidratos. Esto, aparte de hacer crecer tu confianza, te permite saber si estás haciendo las cosas bien o mal y si tienes que introducir algún cambio.

Una manera fácil es olerte el aliento. Después de unos días, puedes notar un sabor algo afrutado y un poco amargo, incluso metálico. La razón es que cuando el cuerpo está en cetosis, crea cuerpos cetónicos: acetona, acetoacetato y betahidroxibutirato. La acetona, en particular, se excreta a través de la orina y de la respiración, y es la causa del «cetoaliento». Este cambio en el olor de la respiración y del sabor de boca por lo general desaparece progresivamente en unas semanas.

Una manera más precisa de saberlo es mediante el uso de tiras reactivas para el análisis de cetona en orina. Son bastante baratas y te permiten medir tus valores de cetonas en la orina de forma inmediata. Normalmente se venden en paquetes de 100 unidades por algo más de 10 euros en internet o en las farmacias. Si quieres medir tu cetosis por la mañana después de despertarte, haz varias mediciones, porque al estar deshidratado después del sueño nocturno puedes obtener falsos resultados positivos.

La prueba más precisa de todas es un medidor de cetona en sangre. Este tipo de prueba es un poco más caro si sumas el precio del medidor electrónico y las tiras. Lo bueno es que resulta mucho más precisa, porque mide directamente la sangre. Para la cetosis nutricional, las lecturas deben estar entre 0,5 y 5,0 milímetros.

A largo plazo, no es necesario comprobar continuamente los niveles de cetona. En unas pocas semanas sabrás si estás comiendo bien y te resultará muy fácil entrar en cetosis.

to de macronutrientes para que el cuerpo obtenga la energía que necesita y no carezca de ninguna grasa esencial o proteína.

Cada tipo de macronutriente proporciona una cierta cantidad de energía (calorías) por gramo consumido.

- Las grasas proporcionan aproximadamente 9 calorías por gramo.
- Las proteínas proporcionan alrededor de 4 calorías por gramo.
- Los carbohidratos proporcionan cerca de 4 calorías por gramo.

En la dieta cetogénica, del 65 % al 75 % de las calorías que consumes deben proceder de las grasas. El 30 % al 20 % debe provenir de las proteínas, y el restante 5 % de los carbohidratos.

Veamos estos mismos números desglosados en una dieta promedio de 2000 calorías diarias, por gramos y porcentajes:

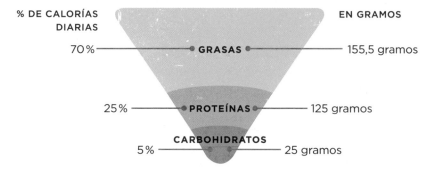

DIETA CETOGÉNICA DIARIA DE 2000 CALORÍAS

% DE CALORÍAS DIARIAS   EN GRAMOS

70 % — GRASAS — 155,5 gramos

25 % — PROTEÍNAS — 125 gramos

CARBOHIDRATOS
5 % — 25 gramos

Ten en cuenta que estas 2000 calorías solo son un ejemplo; el número de calorías que consumas a diario debe adaptarse a tu organismo, nivel de actividad y objetivos.

La cantidad de calorías que debes tomar depende de distintos factores, entre otros:

- Peso neto actual (peso corporal total menos grasa corporal).
- Nivel de actividad diaria (trabajas en una oficina, eres camarero o atleta profesional).
- Régimen de actividad física. En ese caso:
  - Tipo de ejercicio (levantar pesas, actividad cardiovascular o ambos).
  - Horas dedicadas por semana a cada tipo de ejercicio.

- Objetivo:
  - Perder peso.
  - Mantener el peso.
  - Ganar músculo.

Hay muchas calculadoras de macronutrientes para dietas cetogénicas en internet, como tasteaholics.com/keto-calculator y ketogains.com/ketogains-calculator. También puedes encontrar muchas otras en una búsqueda rápida tecleando «calculadora cetogénica». Podrás insertar de forma rápida y sencilla los valores numéricos y obtener una estimación inmediata de las necesidades calóricas de tu organismo.

Una de las características de la dieta cetogénica es que no requiere que sigas cada una de las cantidades para alcanzar tus metas. Sin embargo, hacer un seguimiento se convertirá en un buen sistema para acelerar tu progreso, y ese seguimiento te proporcionará un recordatorio visual para mantenerte cada día.

Nutrientes necesarios

Es importante beber mucha agua al principio de esta dieta. Te darás cuenta de que vas al baño más a menudo. Es completamente normal.

La razón es que has dejado de tomar una gran cantidad de alimentos procesados y has empezado a sustituirlos por alimentos sanos y naturales. Los alimentos procesados tienen mucho sodio añadido y el cambio repentino en la dieta causa una caída inmediata de la ingesta de sodio.

Además, cuando tomas menos carbohidratos se reducen los valores de insulina, lo que a su vez hace que los riñones liberen el exceso de sodio almacenado. Entre la reducción de la ingesta de sodio y la eliminación del exceso de sodio almacenado, el cuerpo comienza a excretar mucha más agua que de costumbre, y acaba teniendo bajas concentraciones de sodio y de otros electrolitos.

Cuando esto sucede, puedes tener síntomas como fatiga, dolores de cabeza, tos, resfriados, irritabilidad y náuseas.

Este estado suele llamarse «cetogripe». Es muy importante que tengas presente que no has pillado un virus de la gripe. Se le llama cetogripe porque los síntomas son parecidos, pero ni es contagiosa ni está causada por un virus real.

Muchos de quienes experimentan estos síntomas creen que la cetodieta les ha hecho enfermar y vuelven a tomar carbohidratos de forma inmediata. Pero esta fase en realidad significa que el cuerpo está privándose del azúcar, los carbohidratos y los alimentos procesados, y reajustándose para poder usar la grasa como energía. La cetogripe suele durar unos días, mientras el cuerpo se adapta. Puedes reducir sus síntomas añadiendo más sodio y electrolitos a tu dieta.

Prepárate para seguir una dieta cetogénica

Ahora que entiendes los beneficios y la explicación científica de la dieta cetogénica, ya puedes empezar. En los siguientes capítulos encontrarás la información completa que necesitas para que todo sea un éxito, entre otras cosas indicaciones sobre lo que debes comprar y evitar, planes de comidas y recetas completas, y explicaciones sobre cómo hacer ejercicio para maximizar la salud.

LA «CETOGRIPE»

Puedes evitar la cetogripe y acortar su duración añadiendo más sal a tu dieta. Estas son algunas de las medidas sencillas que puedes tomar:

- Añade más sal a las comidas.
- Bebe caldos, por ejemplo de ternera y de pollo.
- Come alimentos más salados, como vegetales encurtidos y beicon.

Para sustituir otros electrolitos, intenta comer más cantidad de los siguientes alimentos:

ELECTROLITOS	ALIMENTOS QUE LOS CONTIENEN
POTASIO	Aguacates, frutos secos, vegetales de hoja verde, espinacas y kale, salmón, yogur natural, setas
MAGNESIO	Frutos secos, chocolate negro, alcachofas, espinacas, pescado
CALCIO	Quesos, verduras de hoja, brócoli, marisco, almendras
FÓSFORO	Carne, quesos, frutos secos, semillas, chocolate negro
CLORURO	La mayoría de las verduras, aceitunas, sal, marisco

Recuerda que si no te recuperas al momento, en un par de días volverás a estar bien y te habrás convertido en una máquina de quemar grasas.

CAPÍTULO 2
TU DIETA CETOGÉNICA EN CINCO PASOS

AHORA YA CONOCES LAS BASES CIENTÍFICAS de la dieta cetogénica y las razones por las que funciona. En este capítulo aprenderás cómo iniciarla y conseguir los mejores resultados. Es una guía rápida paso a paso que puedes usar al principio, y a la que puedes volver en cualquier momento durante tu nuevo estilo de vida, en busca de ayuda y orientación.

Paso 1: Limpia tu despensa

Abajo lo viejo, arriba lo nuevo. Tener alimentos poco saludables que puedan tentarte es uno de los factores que más contribuye al fracaso al principio de cualquier dieta. Para tener éxito, has de limitar al mínimo las tentaciones. A menos que cuentes con la voluntad de hierro de Arnold Schwarzenegger, es mejor que no guardes alimentos adictivos como el pan, los postres ni aquellos alimentos o tentempiés que resultan inadecuados para una cetodieta.

Si convives con alguien más, asegúrate de hablar sobre esta cuestión y avisarle, tanto si se trata de tu pareja, como de un familiar o de compañeros de piso. Si en la casa tiene que haber ciertos productos porque no son tuyos y no puedes tirarlos, trata de llegar a un acuerdo para que se guarden en un lugar alejado de la vista. Esto también ayudará a cualquier persona con la que compartas tu hogar a entender que vas a empezar la dieta en serio, y tendrás una mejor experiencia (a la gente le encanta tentar a otros al principio de una dieta, pero como no lo conseguirán, se cansarán en seguida).

ALMIDÓN Y CEREALES EN GRANO

Deshazte de todos los cereales, pasta, arroz, patatas, maíz, avena, quinoa, harina, pan, bagels, tortitas, rollitos y croissants.

ALIMENTOS Y BEBIDAS AZUCARADOS

Elimina todo el azúcar refinado, los refrescos con gas, los zumos de fruta, la leche, los postres, las pastas y hojaldres, los batidos de cacao, las barritas dulces, etcétera.

LEGUMBRES

Suprime las judías, los guisantes y las lentejas, todas ellas con un contenido elevado en carbohidratos. Una ración de una taza de alubias sin nada más contiene más de tres veces la cantidad de carbohidratos que deberías consumir al día.

GRASAS Y ACEITES PROCESADOS POLIINSATURADOS

Deshazte de todos los aceites vegetales y de la mayor parte de los aceites de semillas, entre ellos el de girasol, de alazor, de colza, de soja, de pepitas de uva y de maíz. Suprime también los alimentos con grasas, como la manteca y la margarina, y cualquier preparación en cuyos ingredientes aparezca la palabra «hidrogenado» o «parcialmente hidrogenado». El aceite de oliva, el de oliva virgen extra, el de aguacate y el de coco son los aceites adecuados para una cetodieta.

BUSCA AYUDA

Al principio puede que te resulte difícil seguir la dieta, en especial cuando tus amigos y tu familia no comen lo mismo que tú. No solo eso, sino que comen todas las cosas que se supone que tú no debes comer. Cada persona es diferente y probablemente sepas quién te apoyará y quién no. En el caso de los primeros, explícales que estás evitando los carbohidratos (y las comidas que los llevan), y con toda la cortesía pídeles que no te ofrezcan nada de eso cuando estéis comiendo juntos.

En el caso de los que ponen inconvenientes a todo, basta con decirles que has dejado de comer cereales y azúcar. Los términos *cetogénico* y *bajo en carbohidratos* suelen provocar un debate o discusión con algunas personas, porque toda su vida les han dicho que tomen carbohidratos y productos bajos en grasa. Intenta evitar usar esas palabras cuando expliques cómo funciona tu dieta. Evita las discusiones directas recomendándoles leer sobre los beneficios de la cetosis y de una dieta baja en carbohidratos.

FRUTA

Deshazte de las frutas ricas en carbohidratos, entre ellas los plátanos, los dátiles, las uvas, los mangos y las manzanas. Asegúrate de prescindir de frutas como las pasas. La fruta deshidratada contiene tanto azúcar como la fruta normal, pero más concentrado, de modo que es muy fácil comer mucho en una pequeña ración. A modo de comparación, una taza de pasas contiene 100 g de carbohidratos, mientras que una taza de uvas tiene solo 15 g.

Sí, te estás deshaciendo de alimentos que no quieres que formen parte de tu despensa, pero que muchos otros están dispuestos a comer.

Por favor, no los tires. Encuentra un banco de alimentos de tu zona o un centro de personas sin hogar a quienes puedas donarlos.

Tu despensa quedará vacía después de limpiarla. La razón es que los productos que se conservan durante períodos prolongados suelen llevar un contenido elevado en carbohidratos y contienen conservantes y aditivos poco saludables. Pronto llenarás la nevera (paso 2) con alimentos sanos y naturales.

Paso 2: La compra

Es hora de reabastecer la despensa, la nevera y el congelador con deliciosos alimentos adecuados para una cetodieta que te ayuden a perder peso, estar más sano y sentirte genial.

LOS BÁSICOS

Con estos alimentos básicos a mano, podrás preparar en cualquier momento comidas y tentempiés sanos, deliciosos y cetogénicos.

- Agua, café, y té.
- Especias y hierbas.
- Edulcorantes, entre ellos la stevia y el eritritol.
- Zumo de lima o de limón.
- Condimentos bajos en carbohidratos, como mayonesa, mostaza, pesto y sriracha.
- Caldos de pollo, ternera y huesos.
- Alimentos encurtidos y fermentados, como pepinillos, kimchi y chucrut.
- Frutos secos y semillas, como nueces de macadamia, pacanas, almendras, nueces, avellanas, piñones, semillas de lino, de chía y de calabaza.

CARNE

Cualquier tipo de carne es adecuada para una dieta cetogénica: el pollo, la ternera, el cordero, el cerdo, el pavo, la caza, etc. Es preferible utilizar carnes ecológicas y de animales alimentados con pasto si te lo puedes permitir. Además de eso, puedes y debes comer la grasa de la carne y la piel del pollo.

Todos los peces salvajes y mariscos son adecuados para esta dieta; solo trata de evitar el pescado y el marisco de piscifactoría.

Adelante con los huevos. Utiliza huevos ecológicos de gallinas camperas, si es posible.

VERDURAS

Puedes comer todas las verduras que no sean amiláceas, entre ellas brócoli, espárragos, setas, pepinos, lechuga, cebollas, pimientos, tomates, ajo (en pequeñas cantidades, cada diente contiene 1 g de carbohidratos), coles de Bruselas, calabacín, berenjena, aceitunas, calabacín verde y amarillo y coliflor.

Evita todos los tipos de patatas, los ñames, los boniatos, el maíz y legumbres como las alubias, las lentejas y los guisantes.

SOBRE LOS EDULCORANTES...

La idea de usar edulcorantes puede resultarte extraña si no has oído hablar de ellos antes. Proceden de fuentes naturales y puedes usar con tranquilidad cualquier cantidad.

La stevia se extrae de las hojas de una planta cuyo nombre científico es *Stevia rebaudiana*. Tiene cero calorías y contiene algunos micronutrientes beneficiosos, como magnesio, potasio y zinc. Se encuentra fácilmente en forma líquida en internet y en la mayoría de los supermercados. Es mucho más dulce que el azúcar, por lo que los envases suelen ser muy pequeños. No necesitarás mucha cantidad.

El eritritol es un azúcar alcohol bajo en calorías, con cerca del 70 % del dulzor del azúcar. Puede encontrarse en estado natural en algunas frutas y vegetales. Los azúcares alcohol son indigeribles por el cuerpo humano, por lo que el eritritol no puede aumentar la concentración de azúcar o de insulina de la sangre. Distintos estudios han demostrado que es seguro. Este tipo de azúcares pueden causar a veces molestias digestivas de forma temporal, pero de los azúcares disponibles de este tipo (como el xilitol, el maltitol y el sorbitol), es el que se considera más flexible y más adecuado para su consumo diario.

FRUTA

Puedes comer una pequeña cantidad de bayas todos los días, como fresas, frambuesas, moras y arándanos. El limón y los zumos de lima son geniales para añadir sabor a las comidas. Los aguacates también son bajos en carbohidratos y están llenos de grasas saludables.

Evita las demás frutas, porque tienen demasiado azúcar. Un solo plátano puede aportar unos 25 g de carbohidratos netos.

LÁCTEOS

Toma productos lácteos con todo su contenido en grasa, como mantequilla, crema agria, nata para montar, queso, queso crema y yogur sin edulcorar. Aunque no son lácteos, la leche de almendras sin endulzar y la leche de coco también son geniales.

Evita la leche y la leche descremada, así como el yogur con edulcorantes, porque contienen una gran cantidad de azúcar. Evita cualquier lácteo con sabor, bajo en grasas u otros productos lácteos sin grasa.

GRASAS Y ACEITES

El aceite de aguacate, el de oliva, la mantequilla, la manteca de cerdo y la grasa de tocino son ideales para cocinar y tomar. El aceite de aguacate tiene un alto punto de humo (no se quema hasta que alcanza los 270 °C), algo muy útil para freír las carnes y usar el wok. Asegúrate de evitar los aceites etiquetados como «mezcla», que suelen contener pequeñas cantidades de aceite sano y grandes cantidades de otros aceites.

Paso 3: Prepara tu cocina

Preparar recetas deliciosas es una de las mejores partes de esta dieta, y además es bastante fácil si tienes las herramientas adecuadas. Las siguientes te ayudarán a cocinar con más facilidad y rapidez. Vale la pena invertir en cada una de ellas, especialmente si tienes poco tiempo para cocinar.

BÁSCULA DE COCINA

Cuando tu objetivo es alcanzar ciertas metas calóricas de macronutrientes, una balanza de cocina es un aparato necesario. Te permite medir cualquier alimento líquido o sólido y obtener la cantidad precisa en cada momento. Si la usas en combinación con una aplicación destinada al cuidado de la salud, tendrás todos los datos que necesitas para alcanzar tus metas antes. Puedes encontrarlas en las tiendas o en internet a un precio razonable.

PROCESADOR DE ALIMENTOS

Los procesadores de alimentos son un recurso imprescindible en la cocina. Son ideales para mezclar algunos ingredientes o preparar salsas y batidos a partir de distintas mezclas de alimentos. Las batidoras no cortan bien muchas piezas, especialmente las verduras duras, como la coliflor.

Procura contar con un gran procesador de alimentos y una buena batidora. En algunos modelos los recipientes mezcladores llevan tapas o pitorros para beber, de modo que puedes usarlos para guardar los alimentos o beber. También son fáciles de limpiar, lo que simplifica mucho el proceso.

CORTADOR EN ESPIRAL

Los cortadores en espiral cortan las verduras en forma de fideos o cintas en cuestión de segundos. Facilitan y aceleran el trabajo en la cocina, porque los fideos tienen mucha más superficie y se cocinan más rápido. Por ejemplo, un espiralizador convierte un calabacín en fideos vegetales, y con una salsa de Alfredo o marinara, no serás capaz de distinguir si estás comiendo fideos vegetales o de pasta.

El rango de precios es amplio, de 4 a 40 euros según la complejidad, y puedes encontrarlos fácilmente en las tiendas o en internet.

BATIDORA DE MANO

Si alguna vez has tenido que montar a punto de nieve una clara de huevo, ya sabes lo que cuesta. Las batidoras de mano te ahorran el esfuerzo de los músculos del brazo y cantidades enormes de tiempo, en especial al mezclar ingredientes espesos. Puedes encontrar una decente en internet a un precio razonable.

SARTENES DE HIERRO FUNDIDO

Se han usado durante siglos y fueron uno de los primeros utensilios de cocina modernos. Las sartenes de hierro fundido no se desgastan y son más sanas (no llevan tratamiento químico de ningún tipo), mantienen muy bien el calor y se pueden usar tanto en el fogón como en el horno. Son fáciles de limpiar: basta lavarlas con un estropajo y sin jabón; luego se secan y se untan con aceite de cocinar. Esto previene la oxidación y favorece el «curado»,

CETOALTERNATIVAS

Te sorprenderá descubrir qué cantidad de carbohidratos contienen nuestros alimentos diarios. A continuación puedes consultar un cuadro con las comidas más habituales y descubrir con qué alternativas adecuadas cuentas para una dieta cetogénica.

Nota: Los carbohidratos netos son los carbohidratos totales menos la fibra dietética (soluble y no soluble) y los azúcares alcoholes. Ni los azúcares alcoholes ni la fibra se cuentan en los carbohidratos netos, porque el cuerpo humano no puede digerirlos y descomponerlos en glucosa, por lo que no afectan al azúcar en sangre.

ALIMENTOS NO RECOMENDADOS	CARBOHIDRATOS NETOS	CANTIDAD	CETOALTERNATIVA	CARBOHIDRATOS NETOS
Leche	13 gramos	1 taza	Leche de almendras sin edulcorante	0 gramos
Pasta	41 gramos	1 taza	Fideos de calabacín	3 gramos
Rollitos o tortillas	18 gramos	1 mediana	Tortillas bajas en carbohidratos	6 gramos
Azúcar	25 gramos	2 cucharadas	Stevia o eritritol	0 gramos
Arroz	44 gramos	1 taza	Arroz shirataki	0 gramos
Puré de patatas	22 gramos	½ taza	Puré de coliflor	4 gramos
Pan rallado	36 gramos	½ taza	Harina de almendras	6 gramos
Soda	39 gramos	350 ml	Agua, té o café	0 gramos
Patatas fritas	44 gramos	115 g	Calabacines fritos	3 gramos
Patatas chips	46 gramos	100 g	Mezcla de frutos secos	14 gramos

que de forma natural, impide que los alimentos se peguen. Muchas sartenes de hierro fundido vienen precuradas, de modo que la capacidad antiadherente se conserva mejor. Puedes encontrarlas en muchas tiendas y en internet a partir de 10 euros, dependiendo de la marca y el tamaño.

PIEDRA DE AFILAR

La mayor parte del tiempo de preparación en la cocina se dedica a cortar. Con un cuchillo bien afilado, notarás que la velocidad de corte se dispara. Además es un placer cortar con buenos cuchillos. Procura afilarlos cada semana más o menos para mantenerlos en buen estado (los cocineros profesionales lo hacen antes de cada uso). Las piedras de afilar se pueden conseguir a partir de 5 euros en internet.

Paso 4: Plan de comidas

Si te ciñes a un plan de comidas al principio, aumentas en gran medida tus posibilidades de éxito. Los planes de comidas de la segunda parte de este libro incluyen comidas para cada día, listas de la compra y recuentos de macronutrientes y calorías para cada plato. Incluso se cuentan las sobras. Esto te ayudará a empezar de forma mucho más fácil y agradable.

Los planes de comida funcionan porque te proporcionan metas y te orientan. Si sabes lo que debes hacer a continuación sin pensarlo, es menos posible que te rindas, cambies de idea y acabes pidiendo comida por teléfono a tu restaurante favorito. Además, cuando sabes cuál es el siguiente paso, tienes una perspectiva del día y de toda la semana.

Cuando lleves algunas semanas siguiendo el plan de comidas, tu cuerpo tendrá las expectativas correctas de la cantidad de alimento que le proporcionarás y de qué tipo (es decir, con muchas grasas y proteínas y pocos carbohidratos). Incluso si dejas de usar los planes de comidas, estarás familiarizado con la dieta y sabrás qué comer y en qué cantidades.

> Presta atención a los ingredientes utilizados en los productos que compres. Los mejores productos tienen pocos ingredientes y de nombres reconocibles; en otras palabras, llevan menos conservantes y aditivos.

PERSONALIZA TU PLAN DE COMIDAS

La segunda parte incluye dos planes de comidas semanales que puedes repetir y reutilizar tantas veces como quieras. También puedes usar las recetas de la tercera parte para organizar tus propios planes o cambiar unas recetas por otras.

La meta calórica diaria es de alrededor de 1700 calorías, cien arriba o cien abajo. Si tus necesidades calóricas son mayores o menores (recuerda consultar una cetocalculadora en internet antes de empezar la dieta), ajusta el plan simplemente poniendo o quitando algunos de los ingredientes de las comidas. Además, si usas una cucharada extra de aceite de oliva o de mantequilla al cocinar obtendrás aproximadamente 100 calorías más.

LA COMPRA

Al principio tendrás que mirar la información nutricional de cada producto envasado para ver si tiene un contenido alto o bajo en carbohidratos. A muchas marcas de alimentos envasados les encanta añadir azúcar, así que presta atención. Durante las primeras semanas aprenderás qué productos son buenos y cuáles no simplemente leyendo la información nutricional de las etiquetas.

Los dos planes de comidas de la segunda parte incluyen listas de la compra. En seguida verás que las cantidades de alimentos indicadas no coinciden con las cantidades con que se presentan los envases. Escoge los productos que más se acerquen a estas cantidades. A medida que sientas más seguridad en cuanto a tu dieta y sepas las raciones que necesitas, recurrirás mucho menos a las listas a la hora de comprar.

CETODESCRIPCIÓN

Todas las recetas de este libro contienen un máximo de 6 g de carbohidratos netos para que no necesites contarlos. Cada receta incluye una cetodescripción para hacer más fácil saber qué cantidad de grasas incluye. El ejercicio es progresivo y cada paso que des hará que pierdas peso y te sientas mejor.

CETODESCRIPCIÓN	
BUENO	Hasta el 69 % de la calorías de la receta proceden de las grasas
MUY BUENO	del 70 % al 79 % de las calorías de la receta proceden de las grasas
EXCELENTE	el 80 % de las calorías de la receta o más proceden de las grasas

Paso 5: Actividad física

A medida que inicies tu dieta y empieces a perder kilos, piensa en cómo perder más peso o conseguir estar más sano para sentirte aún mejor. Este es un buen momento para hacer más ejercicio.

Aumenta la cantidad de ejercicio que haces ahora. Si no haces nada, comienza a dar paseos cortos, a correr poco a poco o hacer las dos cosas, durante 15 minutos cada dos días. Si ya vas al gimnasio o levantas pesas, añade ejercicio adicional o algún ejercicio cardiovascular. No importa en qué nivel estés; trata de hacer un poco más de lo que estás haciendo ahora. Eso es todo lo que se necesita para estar más sano.

Si tienes tiempo, intenta apuntarte a una clase o hacer alguna actividad que implique movimiento, como clases de step, o empezar a practicar un deporte nuevo, como el baloncesto. No tiene que ser una actividad competitiva; no es necesario que seas bueno o que tengas experiencia previa. Estas actividades son una manera fácil de estar activo y, de paso, aprender nuevas habilidades.

Cualquier ejercicio físico, incluso si le dedicas solo 15 minutos semanales, es mejor que no hacer nada. No te preocupes por la cantidad de ejercicio que practiques al principio.

Se ha demostrado que la actividad física regular reduce la tensión arterial y los valores de colesterol, además de disminuir el riesgo de sufrir enfermedades cardíacas y diabetes tipo 2. El ejercicio combinado con una dieta cetogénica hará que tu salud y tus niveles de energía mejoren de forma espectacular.

Empieza con algo de actividad física y poco a poco irás incorporando esa rutina de forma natural.

SECUENCIAS DE EJERCICIOS SENCILLOS

Aquí tienes algunas secuencias de ejercicios sencillos si estás comenzando. Al principio es suficiente con practicarlos en días alternos. Si es posible, trata de hacerlos con un amigo o tu pareja, porque te servirá de apoyo y hará que te obligues. Si algunos ejercicios te resultan imposibles de llevar a cabo, no pasa absolutamente nada. Simplemente céntrate en los que puedas hacer.

EJERCICIOS CARDIOVASCULARES Cualquier actividad aeróbica, como caminar, correr o montar en bicicleta, durante 15 a 30 minutos, dos o más veces a la semana.

ENTRENAMIENTO DE FUERZA Conjunto de ejercicios físicos (con un mínimo de 10 repeticiones, porque de lo contrario es demasiado fácil) para trabajar cada uno de los principales grupos musculares: tórax, hombros, espalda, abdominales y piernas.

- Flexiones o flexiones asistidas.
- Dominadas o flexiones en barra.
- Abdominales.
- Sentadillas.

MENÚ PARA DOS SEMANAS

SEGUNDA PARTE

Plan de comidas y lista de la compra para la primera semana

EL PLAN DE COMIDAS DE LAS SIGUIENTES PÁGINAS está diseñado para que puedas empezar tu dieta cetogénica desde el primer momento. Con una hoja de ruta es más fácil conseguir tus objetivos, y además, descubrirás muchas recetas deliciosas.

El menú diario proporciona entre 1600 y 1850 calorías. Si no sabes cuántas calorías necesitas, consulta alguna de las calculadoras de macronutrientes para dietas cetogénicas que encontrarás en internet.

Si necesitas tomar más calorías de las que el plan de comidas aporta, puedes agregar más de un ingrediente o más aceite cuando prepareres un plato.

Atención: Si tienes alguna alergia o intolerancia a alguno de estos ingredientes, sustitúyelos por otros alimentos bajos en carbohidratos.

PLAN DE COMIDAS PARA LA PRIMERA SEMANA

LUNES

Desayuno: Granola con combinado de frutos secos (página 57)

Tentempié: Huevos endiablados con beicon y queso (página 68)

Comida: Rollitos de lechuga rellenos de aguacate y pollo (página 72)

Tentempié: Batido cremoso con canela (página 56)

Cena: Pierna de cordero con pesto de tomates secados al sol (página 99) y Puré de coliflor con queso (página 113)

> **Valores nutricionales**
>
> **Calorías:** 1840; grasas: 152 g; proteínas: 79 g; carbohidratos: 39 g; fibra: 14 g; carbohidratos netos: 25 g
>
> **Grasas 74 % • Proteínas 20 % • Carbohidratos 6 %**

MARTES

Desayuno: Batido con mantequilla de cacahuete (página 52)

Tentempié: Queso de cabra con cobertura de hierbas y nueces (página 66)

Comida: Sopa de coliflor y cheddar (página 70)

Tentempié: Huevos endiablados con beicon y queso (página 68)

Cena: Pierna de cordero con pesto de tomates secados al sol (sobras) (página 99) y Calabacines crujientes salteados (página 114)

> **Valores nutricionales**
>
> **Calorías:** 1725; grasas: 139 g; proteínas: 87 g; carbohidratos: 26 g; fibra: 10 g; carbohidratos netos: 16 g
>
> **Grasas 74 % • Proteínas 21 % • Carbohidratos 5 %**

MIÉRCOLES

Desayuno: Huevos con aguacate (página 61)

Tentempié: Batido de espinacas y arándanos (página 55)

Comida: Sopa de coliflor y cheddar (sobras) (página 70)

Tentempié: Galletas mantecadas de frutos secos (página 126)

Cena: Eglefino asado con coco (página 83) y Cazuela de coles de Bruselas (página 111)

> **Valores nutricionales**
>
> **Calorías:** 1607; grasas: 123 g; proteínas: 77 g; carbohidratos: 34 g; fibra: 17 g; carbohidratos netos: 17 g
>
> **Grasas 77 % • Proteínas 19 % • Carbohidratos 4 %**

JUEVES

Desayuno: Batido de limón y anacardos (página 54)

Tentempié: Ganaché de mantequilla de almendras (2) (página 125)

Comida: Ensalada de beicon, lechuga y tomate (página 71)

Tentempié: Bombas de grasa con beicon y pimienta (página 64)

Cena: Lomo de cerdo asado con salsa de mostaza antigua (página 95) y Rosti gratinado (página 117)

> **Valores nutricionales**
>
> **Calorías:** 1637; grasas: 137 g; proteínas: 79 g; carbohidratos: 26 g; fibra: 6 g; carbohidratos netos: 20 g
>
> **Grasas 75 % • Proteínas 20 % • Carbohidratos 5 %**

VIERNES

Desayuno: Batido verde con bayas (página 53)

Tentempié: Bombas de grasa con beicon y pimienta (2) (página 64)

Comida: Lomo de cerdo asado con salsa de mostaza antigua (sobras) (página 95)

Tentempié: Polos de vainilla y almendras (página 127)

Cena: Pastel de carne de pavo (página 88) y Rosti gratinado (página 117)

Valores nutricionales

Calorías: 1635; grasas: 134 g; proteínas: 85 g; carbohidratos: 21 g; fibra: 7 g; carbohidratos netos: 14 g

Grasas 74 % • Proteínas 21 % • Carbohidratos 5 %

SÁBADO

Desayuno: Asado para desayunar (página 60)

Tentempié: Batido cremoso con canela (página 56)

Comida: Pastel de carne de pavo (sobras) (página 90)

Tentempié: Galletas mantecadas de frutos secos (página 126)

Cena: Salmón con queso y ajo (página 84) y Judías verdes al aroma de ajo (página 109)

Valores nutricionales

Calorías: 1633; grasas: 137 g; proteínas: 81 g; carbohidratos: 19 g; fibra: 5 g; carbohidratos netos: 14 g

Grasas 76 % • Proteínas 20 % • Carbohidratos 4 %

DOMINGO

Desayuno: Granola con combinado de frutos secos (página 57)

Tentempié: Bombas de grasa con salmón ahumado (página 65)

Comida: Asado para desayunar (página 60)

Tentempié: Ganaché de mantequilla de almendras (2) (página 125)

Cena: Salmón con queso y ajo (página 84) y Pizza de champiñones portobello (página 106)

Valores nutricionales

Calorías: 1712; grasas: 143 g; proteínas: 79 g; carbohidratos: 27 g; fibra: 13 g; carbohidratos netos: 14 g

Grasas 75 % • Proteínas 20 % • Carbohidratos 5 %

LISTA DE LA COMPRA PARA LA PRIMERA SEMANA

CARNE Y PESCADO

Beicon (44 lonchas)

Pechuga de pollo deshuesada (170 g)

Carne de pollo picada (450 g)

4 filetes de eglefino sin espinas (de 140 g cada uno)

Pierna de cordero (900 g)

Lomo de cerdo asado sin hueso (900 g)

4 filetes de salmón sin espinas (de 140 g cada uno)

Salmón ahumado (60 g)

Salchichas caseras o sin conservantes (450 g)

Carne de pavo picada (680 g)

HUEVOS, LÁCTEOS Y SUS ALTERNATIVAS

Leche de almendras (2 tazas)

Queso asiago (½ taza)

Mantequilla (2 tazas)

Leche de anacardos sin endulzar (1 taza)

Queso cheddar rallado (2 ¼ tazas)

Crema de coco (¾ taza)

Bebida de leche de coco (3 tazas)

Queso crema (140 g)

Huevos (20)

Queso de cabra (350 g)

Nata para montar (5 ⅓ tazas)

Mozzarella rallada (1 taza)

Queso parmesano (1 taza)

Queso suizo (1 ¼ tazas)

FRUTAS Y VERDURAS

Calabaza bellota (1)

Aguacates (4)

Albahaca fresca (1 manojo)

Arándanos (500 g)

Lechuga francesa (2 cogollos)

Coles de Bruselas (450 g)

Coliflor (2)

Tubérculo de apio (1)

Pepino inglés (1)

Dientes de ajo (12)

Judías verdes (450 g)

Kale (60 g)

Limones (2)

Ramito de menta fresca (1 manojo)

Cebolla dulce (1)

Orégano fresco (1 manojo)

Perejil fresco (1 manojo)

Champiñones portobello (4)

Frambuesas (475 g)

Espagueti de calabaza (1)

Espinacas (1 taza)

Tomillo fresco (1 manojo)

Tomate (2)

Calabacín (4)

PRODUCTOS ENLATADOS Y EMBOTELLADOS

Mantequilla de almendras (2 tazas)

Caldo de pollo (4 tazas)

Leche de coco (2 tazas)

Aceite de coco (2 tazas)

Mostaza de Dijon (½ cucharadita)

Mostaza antigua (3 cucharadas)

Mayonesa (⅔ taza)

Aceite de oliva (1 taza)

Aceite de oliva virgen extra (2 cucharadas)

Vinagre de vino tinto (2 cucharadas)

Stevia líquida (30 gotas)

Tomates secados al sol en aceite (1 taza)

Extracto de vainilla sin alcohol (2 cucharaditas)

PRODUCTOS PARA LA DESPENSA

Almendras molidas (1 ¾ taza)

Almendras laminadas (1 taza)

Pimienta negra recién molida

Canela en polvo (3 cucharaditas)

Coco rallado sin endulzar (4 tazas)

Avellanas molidas (¾ taza)

Nuez moscada en polvo (1 cucharadita)

Mantequilla de cacahuete (2 cucharadas)

Piñones (¼ taza)

Proteínas en polvo con sabor chocolate (2 cucharadas)

Proteínas en polvo sin aromatizar (4 cucharadas)

Proteínas en polvo sabor vainilla (8 cucharadas)

Semillas de calabaza crudas (½ taza)

Sal marina

Semillas de sésamo (1 cucharadita)

Semillas de girasol crudas (1 ¼ tazas)

Edulcorante granulado (⅔ taza)

Vaina de vainilla (2)

Nueces picadas (280 g)

PLAN DE COMIDAS PARA LA SEGUNDA SEMANA

LUNES

Desayuno: Batido verde con bayas (página 53)

Tentempié: Galletas mantecadas de frutos secos (página 126)

Comida: Rollitos de lechuga rellenos de aguacate y pollo (página 72)

Tentempié: Galletas crujientes de parmesano (página 67)

Cena: Eglefino asado con coco (página 83) y Cazuela de coles de Bruselas (página 111)

> **Valores nutricionales**
>
> **Calorías:** 1622; grasas: 126 g; proteínas: 88 g; carbohidratos: 34 g; fibra: 15 g; carbohidratos netos: 19 g
>
> **Grasas 70 % • Proteínas 22 % • Carbohidratos 8 %**

MARTES

Desayuno: Granola con combinado de frutos secos (página 57)

Tentempié: Polos de vainilla y almendras (página 127)

Comida: Aguacate relleno de ensalada de cangrejo (página 73)

Tentempié: Caprichos de chocolate y coco (2) (página 124)

Cena: Pierna de cordero con pesto de tomates secados al sol (página 99) y Cazuela de coles de Bruselas (página 111)

> **Valores nutricionales**
>
> **Calorías:** 1606; grasas: 130 g; proteínas: 77 g; carbohidratos: 35 g; fibra: 17 g; carbohidratos netos: 18 g
>
> **Grasas 73 % • Proteínas 20 % • Carbohidratos 7 %**

MIÉRCOLES

Desayuno: Batido con mantequilla de cacahuete (página 52)

Tentempié: Galletas crujientes de parmesano (página 67)

Comida: Ensalada de beicon, lechuga y tomate (página 71)

Tentempié: Bombas de grasa con salmón ahumado (página 65)

Cena: Pierna de cordero con pesto de tomates secados al sol (sobras) (página 99) y Puré de coliflor con queso (página 113)

> **Valores nutricionales**
>
> **Calorías:** 1604; grasas: 130 g; proteínas: 86 g; carbohidratos: 23 g; fibra: 9 g; carbohidratos netos: 14 g
>
> **Grasas 73 % • Proteínas 21 % • Carbohidratos 6 %**

JUEVES

Desayuno: Huevos con aguacate (página 61)

Tentempié: Ganaché de mantequilla de almendras (2) (página 125)

Comida: Sopa de coliflor y cheddar (página 70)

Tentempié: Batido verde con bayas (página 53)

Cena: Vieiras a la hierbas con mantequilla (página 77) y Fideos de calabacín al pesto (página 116)

> **Valores nutricionales**
>
> **Calorías:** 1720; grasas: 140 g; proteínas: 83 g; carbohidratos: 32 g; fibra: 13 g; carbohidratos netos: 19 g
>
> **Grasas 73 % • Proteínas 20 % • Carbohidratos 7 %**

VIERNES

Desayuno: Batido de limón y anacardos (página 54)

Tentempié: Mousse de mantequilla de cacahuete Mousse (página 129)

Comida: Sopa de coliflor y cheddar (sobras) (página 70)

Tentempié: Caprichos de chocolate y coco (página 124)

Cena: Lomo de cerdo asado con salsa de mostaza antigua (página 95) y Setas con camembert (página 115)

> **Valores nutricionales**
>
> **Calorías:** 1707; grasas: 139 g; proteínas: 84 g; carbohidratos: 30 g; fibra: 7 g; carbohidratos netos: 23 g
>
> **Grasas 73% • Proteínas 20% • Carbohidratos 7%**

SÁBADO

Desayuno: Asado para desayunar (página 60)

Tentempié: Salsa de queso (página 69)

Comida: Lomo de cerdo asado con salsa de mostaza antigua (sobras) (página 95)

Tentempié: Ganaché de mantequilla de almendras (3) (página 125)

Cena: Pollo con mantequilla al limón (página 85) y Espárragos salteados con nueces (página 110)

> **Valores nutricionales**
>
> **Calorías:** 1651; grasas: 142 g; proteínas: 75 g; carbohidratos: 20 g; fibra: 5 g; carbohidratos netos: 14 g
>
> **Grasas 76% • Proteínas 20% • Carbohidratos 4%**

DOMINGO

Desayuno: Granola con combinado de frutos secos (página 57)

Tentempié: Rollitos de lechuga rellenos de aguacate y pollo (página 72)

Comida: Asado para desayunar (página 60)

Tentempié: Tarta de queso y frambuesas (página 128) con ¼ taza de nata montada*

Cena: Pastel de carne de pavo (página 90) y Espinacas cremosas (página 112)

> **Valores nutricionales**
>
> **Calorías:** 1697; grasas: 140 g; proteínas: 71 g; carbohidratos: 31 g; fibra: 13 g; carbohidratos netos: 18 g
>
> **Grasas 74% • Proteínas 20% • Carbohidratos 6%**

*Añade un poco de nata recién montada a la Tarta de queso y frambuesas.

LISTA DE LA COMPRA PARA LA SEGUNDA SEMANA

CARNE Y PESCADO

Beicon (14 tiras)

2 pechugas de pollo deshuesadas (170 g cada una)

Muslos de pollo con piel y sin deshuesar (4)

Carne de buey del Pacífico (125 g)

4 filetes de eglefino sin espinas (de 140 g)

Pierna de cordero (900 g)

Lomo de cerdo asado deshuesado (900 g)

Salchichas sin conservantes o caseras (450 g)

Vieiras (450 g)

Carne de pavo picada (700 g)

LÁCTEOS Y SUS ALTERNATIVAS, HUEVOS

Leche de almendras (2 tazas)

Mantequilla (1 ¼ tazas)

Queso camembert (110 g)

Leche de anacardos sin endulzar (1 taza)

Queso cheddar (370 g)

Crema de coco (¾ taza)

Bebida de leche de coco (½ taza)

Queso crema (1 ¾ tazas)

Huevos (20)

Queso de cabra (60 g)

Nata para montar (6 ⅓ tazas)

Queso parmesano (280 g)

Queso suizo (110 g)

FRUTAS Y VERDURAS

Espárragos (340 g)

Aguacates (4)

Albahaca fresca (1 manojo)

Pimiento morrón rojo (1)

Lechuga de Boston (2 cogollos)

Coles de Bruselas (450 g)

Champiñones (450 g)

Coliflor (2)

Cilantro (1 manojo)

Pepino inglés (1)

Dientes de ajo (10)

Jalapeños (1)

Kale (1 manojo)

Limones (3)

Cebollas dulces (2)

Orégano fresco (1 manojo)

Perejil fresco (1 manojo)

Frambuesas (1 l)

Cebolleta (1)

Espagueti de calabaza (1)

Espinacas (85 g)

Tomillo fresco (1 manojo)

Tomate (1)

Calabacín (4)

PRODUCTOS ENLATADOS Y EMBOTELLADOS

Mantequilla de almendras (2 tazas)

Caldo de pollo (4 ¾ tazas)

Aceite de coco (1 ¾ tazas)

Mostaza antigua (3 cucharadas)

Mayonesa (⅓ taza)

Aceite de oliva (½ taza)

Aceite de oliva virgen extra (6 cucharadas)

Vinagre de vino tinto (2 cucharadas)

Stevia líquida (18 gotas)

Tomates secados al sol conservados en aceite
  (1 taza)

Extracto de vainilla sin alcohol (2 cucharadas)

PRODUCTOS PARA LA DESPENSA

Harina de almendras (1 ½ tazas)

Almendras laminadas (1 taza)

Levadura (½ cucharadita)

Pimienta negra recién molida

Pimienta de cayena (¼ cucharadita)

Canela molida (1 cucharadita)

Cacao en polvo (¼ taza)

Coco rallado sin endulzar (3 ¼ tazas)

Avellanas molidas (¼ taza)

Nuez moscada molida (1 cucharadita)

Levadura nutricional (2 cucharaditas)

Cebolla en polvo (½ cucharadita)

Mantequilla de cacahuete (6 cucharadas)

Piñones (¼ taza)

Proteínas en polvo sabor chocolate
  (2 cucharadas)

Proteínas en polvo sin sabor (2 cucharadas)

Proteínas en polvo sabor vainilla (2 cucharadas)

Semillas de calabaza (½ taza)

Sal marina

Semillas de sésamo (1 cucharadita)

Semillas de girasol (1 taza)

Edulcorante granulado (¼ taza)

Nueces picadas (1 taza)

RECETAS

TERCERA PARTE

CAPÍTULO 3

BATIDOS Y DESAYUNOS

BATIDO CON MANTEQUILLA DE CACAHUETE

2 raciones / Tiempo de preparación: 5 minutos

Los amantes de la deliciosa mezcla de chocolate y mantequilla de cacahuete disfrutarán con este desayuno, que también vale como tentempié consistente. Si prefieres un sabor a chocolate más intenso, basta agregar una cucharadita de cacao en polvo de buena calidad y un par de gotas de stevia líquida. Esto no supone incrementar el contenido de grasas, proteínas ni carbohidratos en el batido, sino añadir solo 3 calorías más por ración.

1 taza de agua

¾ taza de crema de coco

1 cucharón de proteínas en polvo
 sabor chocolate

2 cucharadas de mantequilla de
 cacahuete natural

3 cubitos de hielo

1. En una batidora pon el agua, la crema de coco, las proteínas en polvo, la mantequilla de cacahuete y el hielo, y mézclalo todo hasta obtener una consistencia líquida.
1. Reparte el batido en 2 vasos y sírvelos al momento.

POR RACIÓN calorías: 486; grasas: 40 g; proteínas: 30 g; carbohidratos: 11 g; fibra: 5 g; carbohidratos netos: 6 g; grasas 70 % / proteínas 20 % / carbohidratos 10 %

BATIDO VERDE CON BAYAS

2 raciones / Tiempo de preparación: 10 minutos

Tal vez te sorprenda el color inusual de este batido, una especie de marrón verdoso que oculta un rico sabor a pastel de queso con frambuesas. El kale es un ingrediente perfecto para los batidos. Tiene un sabor más suave que otros vegetales; es una fuente increíble de vitamina K y aporta muchas vitaminas A y C.

1 taza de agua

½ taza de frambuesas

½ taza de kale picado

¾ taza de queso crema

1 cucharada de aceite de coco

1 cucharón de proteínas en polvo con sabor a vainilla

1. Pon el agua, las frambuesas, el kale, el queso crema, el aceite de coco y las proteínas en polvo en una batidora y mézclalo todo hasta obtener una consistencia líquida.
2. Reparte el batido en 2 vasos y sírvelos al momento.

POR RACIÓN Calorías: 436; grasas: 36 g; proteínas: 28 g; carbohidratos: 11 g; fibra: 5 g; carbohidratos netos: 6 g; grasas 70 % / proteínas 20 % / carbohidratos 10 %

BATIDO DE LIMÓN Y ANACARDOS

1 ración / Tiempo de preparación: 5 minutos

La leche de anacardos y la nata rica en grasa se combinan en este batido absolutamente delicioso de sabor ácido y refrescante, que puede tomarse como desayuno consistente o como tentempié. Si le añades unos cuantos cubitos de hielo, tendrás un rico sorbete cítrico. Un par de hojas de menta fresca potenciarán su sabor refrescante.

1 taza de leche de anacardos sin edulcorante

¼ taza de nata rica en grasa

¼ taza de zumo de limón recién exprimido

1 cucharón de proteínas en polvo sin sabor

1 cucharada de aceite de coco

1 cucharadita de edulcorante

1. Pon en una batidora la leche de anacardos, la nata rica en grasa, el zumo de limón, las proteínas en polvo, el aceite de coco y el edulcorante. Bátelo todo hasta que consigas una consistencia fina.
2. Viértelo en 1 vaso y sírvelo al instante.

INGREDIENTES ALTERNATIVOS La leche de almendras o de coco también son buenas alternativas a la leche de anacardos. Cada tipo de leche le da un sabor un poco distinto al batido, así que te recomiendo que las pruebes todas hasta encontrar la combinación perfecta para tu paladar.

POR RACIÓN Calorías: 503; grasas: 45 g; proteínas: 29 g; carbohidratos: 15 g; fibra: 4 g; carbohidratos netos: 11 g; grasas 80 % / proteínas 13 % / carbohidratos 7 %

BATIDO DE ESPINACAS Y ARÁNDANOS

CETODESCRIPCIÓN

SIN FRUTOS SECOS
VEGETARIANA
MENOS DE 30 MINUTOS

2 raciones / Tiempo de preparación: 5 minutos

Los arándanos son unas bayas muy populares y uno de los alimentos con mayor contenido en antioxidantes. Añade un puñado de esta fruta a tu batido de desayuno y lo habrás enriquecido con vitaminas K y C, magnesio y cobre. Procura comprar bayas ecológicas, porque tienen un contenido en antioxidantes más elevado que las cultivadas de forma convencional.

1 taza de espinacas
½ pepino inglés en trozos
½ taza de arándanos
1 cucharón de proteínas en polvo sin sabor

1 taza de leche de coco
2 cucharadas de aceite de coco
4 cubitos de hielo
1 ramito de menta para adornar

1. Pon en una batidora la leche de coco, las espinacas, el pepino, los arándanos, las proteínas en polvo, el aceite de coco y el hielo. Bate esta mezcla hasta que consigas una textura fina.
2. Vierte la mezcla en 2 vasos, adórnalos con la menta y sírvelos al momento.

POR RACIÓN Calorías: 353; grasas: 32 g; proteínas: 15 g; carbohidratos: 9 g; fibra: 3 g; carbohidratos netos: 6 g; grasas 76 % / proteínas 16 % / carbohidratos 8 %

BATIDO CREMOSO CON CANELA

2 raciones / Tiempo de preparación: 5 minutos

La canela es una especia de sabor agradable que a muchos nos recuerda los postres de las épocas de vacaciones o las deliciosas recetas horneadas. Procura usar canela de Ceilán en lugar de canela cassia, porque la primera está exenta de una toxina que afecta al hígado. La variedad de Ceilán tiene un color más claro y un sabor más delicado.

2 tazas de leche de coco

1 cucharón de proteínas en polvo con sabor a vainilla

5 gotas de stevia líquida

1 cucharadita de canela en polvo

½ cucharadita de extracto de vainilla sin alcohol

1. Pon en una batidora la leche de coco, las proteínas en polvo, la stevia, la canela y la vainilla, y bate la mezcla hasta obtener una textura fina.
2. Reparte el batido en dos vasos y sírvelos inmediatamente.

PARA SABER MÁS La mayoría de las vainillas que encontrarás en las tiendas de alimentación probablemente contengan alcohol, porque así es como se prepara su extracto, macerando las semillas de vainilla en alcohol. Sin embargo, puedes encontrar una versión sin alcohol en tiendas especializadas, o si lo prefieres, optar por un sucedáneo.

POR RACIÓN Calorías: 492; grasas: 47 g; proteínas: 18 g; carbohidratos: 8 g; fibra: 2 g; carbohidratos netos: 6 g; grasas 80 % / proteínas 14 % / carbohidratos 6 %

GRANOLA CON COMBINADO DE FRUTOS SECOS

8 raciones / Tiempo de preparación: 10 minutos / Tiempo de cocción: 1 hora

La granola casera es una delicia que sirve para casi todo. Si la preparas con antelación podrás tomarla para desayunar, como tentempié y como saludable añadido a un bol de cremoso yogur griego. La combinación y cantidad de frutos secos de esta receta crea una maravillosa proporción de macronutrientes para tu cetodieta, pero puedes agregar o saltarte los distintos ingredientes para adaptar la receta a tu gusto. Solo te recomiendo que no añadas frutas deshidratadas, porque tienen un contenido muy elevado en carbohidratos.

2 tazas de coco rallado sin edulcorante
1 taza de almendras laminadas
1 taza de semillas de girasol crudas
½ taza de semillas de calabaza crudas
½ taza de nueces

½ taza de aceite de coco fundido
10 gotas de stevia líquida
1 cucharadita de canela en polvo
½ cucharadita de nuez moscada molida

1. Precalienta el horno a 120 °C. Cubre dos bandejas de hornear con papel vegetal y resérvalas.
2. En un bol grande, mezcla el coco rallado, las almendras, las semillas de girasol y las de calabaza, y las nueces.
3. Utiliza un bol pequeño para mezclar bien el aceite de coco, la stevia, la canela y la nuez moscada.
4. Vierte la mezcla de aceite de coco en la de frutos secos y, con las manos, mézclalo todo hasta que los frutos secos queden bien cubiertos.
5. Pon la mezcla de granola en las bandejas del horno, distribuyéndola bien por toda la superficie.
6. Hornea la granola, removiéndola cada 10 a 15 minutos, hasta que la mezcla tome un aspecto dorado marrón y crujiente, aproximadamente 1 hora.
7. Pon la granola en un bol grande y deja que se enfríe, removiéndola con frecuencia para que los trozos grandes se partan en trocitos.
8. Guárdala en un recipiente hermético en la nevera o bien consérvala congelada hasta 1 mes.

POR RACIÓN Calorías: 391; grasas: 38 g; proteínas: 10 g; carbohidratos: 10 g; fibra: 6 g; carbohidratos netos: 4 g; grasas 80 % / proteínas 10 % / carbohidratos 10 %

TORTILLA DE ALCACHOFA Y BEICON

4 raciones / Tiempo de preparación: 10 minutos /
Tiempo de cocción: 10 minutos

Las tortillas son una buena opción para desayunar, pero esta riquísima receta de tortilla de vegetales y beicon además es lo bastante consistente para servir de cena ligera. Si la acompañas de una ensalada mixta, aún se ajustará a los porcentajes de macronutrientes. Si te sobra algo, tómala fría al día siguiente como aperitivo o para comer.

6 huevos batidos

2 cucharadas de nata rica en grasa para montar

8 tiras de beicon cocinado y cortado

1 cucharada de aceite de oliva

¼ taza de cebolla picada

½ taza de corazones de alcachofa cortados (de lata, conservados en agua)

Sal marina

Pimienta negra recién molida

1. En un bol pequeño, mezcla bien los huevos, la nata y el beicon, y luego resérvalos.
2. Pon una sartén grande a fuego medio-alto y echa el aceite de oliva.
3. Sofríe la cebolla hasta que quede tierna, unos 3 minutos.
4. Añade la mezcla de huevo a la sartén, removiéndolo durante 1 minuto.
5. Cocina la tortilla, levantando los bordes con una espátula para que el huevo crudo se cocine, unos 2 minutos.
6. Esparce los corazones de alcachofa encima y voltea la tortilla. Cocínala 4 minutos más, hasta que el huevo quede sólido. Dale la vuelta otra vez para que las alcachofas queden en la parte superior de la tortilla.
7. Retírala del fuego, córtala en cuartos y sazónala con sal y pimienta negra. Sírvela en un plato.

POR RACIÓN Calorías: 435; grasas: 39 g; proteínas: 17 g; carbohidratos: 5 g; fibra: 2 g; carbohidratos netos: 3 g; grasas 80 % / proteínas 15 % / carbohidratos 5 %

FRITTATA DE SETAS

6 raciones / Tiempo de preparación: 10 minutos /
Tiempo de cocción: 15 minutos

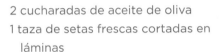

Las frittatas son algo así como tortillas al horno o quiches sin masa, pero la descripción que hagas es indiferente: siguen siendo un plato delicioso y simple. Para esta receta puedes utilizar cualquier tipo de setas, según tus preferencias o la variedad que tengas en la nevera. Si quieres usar champiñones portobello, quítales las láminas negras para que los huevos no tomen un color gris muy poco atractivo.

2 cucharadas de aceite de oliva

1 taza de setas frescas cortadas en láminas

1 taza de espinacas cortadas en tiras

6 tiras de beicon cocinado y cortado

10 huevos grandes batidos

½ taza de queso de cabra desmigado

Sal marina

Pimienta negra recién molida

1. Precalienta el horno a 175 °C.
2. Pon el aceite de oliva en una cazuela para el horno a fuego medio-alto.
3. Saltea las setas hasta que queden un poco doradas, unos 3 minutos.
4. Añade las espinacas y el beicon y saltéalos hasta que las espinacas se ablanden, aproximadamente 1 minuto.
5. Añade los huevos y cocínalos, levantando los bordes de la frittata con una espátula para que el huevo crudo se cocine, durante 3 o 4 minutos.
6. Espolvorea por encima el queso de cabra desmigado y sazónalo con un poco de sal y pimienta.
7. Hornéalo hasta que quede sólido y ligeramente dorado, unos 15 minutos.
8. Saca la frittata del horno y déjala reposar durante 5 minutos.
9. Córtala en 6 porciones y sírvela al momento.

INGREDIENTES ALTERNATIVOS Si el queso de cabra no te gusta, el feta combina muy bien con el resto de los ingredientes de este plato. Cuando prepares las recetas para tu dieta cetogénica, ten en cuenta que el feta contiene más grasas y menos proteínas que el queso de cabra.

POR RACIÓN Calorías: 316; grasas: 27 g; proteínas: 16 g; carbohidratos: 1 g; fibra: 0 g; carbohidratos netos: 1 g; grasas 80 % / proteínas 16 % / carbohidratos 4 %

ASADO PARA DESAYUNAR

CETODESCRIPCIÓN

SIN LÁCTEOS
SIN FRUTOS SECOS
SIN GLUTEN

8 raciones / Tiempo de preparación: 10 minutos /
Tiempo de cocción: 50 minutos

La calabaza cabello de ángel le aporta textura y consistencia a esta cazuela, además de multitud de beneficios nutricionales. Es rica en vitaminas A, B, y C, que son poderosos antioxidantes. También es una excelente fuente de betacaroteno, potasio, manganeso y calcio.

1 cucharada de aceite de oliva, y un poco más para engrasar la cacerola
450 g de salchicha casera o sin conservantes
2 tazas de calabaza cabello de ángel cocida

8 huevos grandes
1 cucharada de orégano fresco picado
Sal marina
Pimienta negra recién molida
½ taza de queso cheddar rallado

1. Precalienta el horno a 190 °C. Engrasa con un poco de aceite de oliva una cacerola de 23 a 33 cm de diámetro y resérvala.
2. Pon una cazuela grande para el horno a fuego medio-alto y añade el aceite de oliva.
3. Dora la salchicha hasta que esté bien cocinada, unos 5 minutos. Mientras, mezcla los huevos, la calabaza y el orégano en un bol mediano. Sazona con un poco de sal y pimienta, y resérvala.
4. Añade la salchicha a la mezcla de huevo, revuélvelo bien y vierte la mezcla en la cacerola.
5. Espolvorea el queso por encima y cubre la cacerola con papel de aluminio, sin ajustarlo.
6. Hornea la preparación durante 30 minutos, retira el papel de aluminio y hornea 15 minutos más.
7. Deja reposar la cacerola durante 10 minutos antes de servir.

POR RACIÓN Calorías: 303; grasas: 24 g; proteínas: 17 g; carbohidratos: 4 g; fibra: 1 g; carbohidratos netos: 3 g; grasas 72 % / proteínas 23 % / carbohidratos 5 %

HUEVOS CON AGUACATE

4 raciones / Tiempo de preparación: 10 minutos /
Tiempo de cocción: 20 minutos

Estos frutos verde pálido rellenos de huevo son un delicioso desayuno y el aporte de macronutrientes perfecto para comenzar el día. Los aguacates deben estar maduros pero con consistencia firme, para que no se deshagan al hornearlos. Este fruto tiene un contenido muy alto en grasas saludables, alrededor de 25 gramos por taza, además de antioxidantes. La mejor manera de pelar un aguacate es cortarlo y retirar la piel a mano. Y es importante saber que la mayor concentración de fitonutrientes está en la carne más oscura, la que va pegada a la cáscara.

2 aguacates, pelados, cortados a lo
   largo por la mitad y deshuesados
1 pechuga de pollo de 110 g cocinada
   y cortada en tiras

4 huevos grandes
¼ taza de queso cheddar
Sal marina
Pimienta negra recién molida

1. Precalienta el horno a 220 °C.
2. Con una cuchara, vacía cada una de las mitades del aguacate hasta conseguir un hoyo que doble el tamaño del hueso.
3. Pon las mitades de aguacate en una fuente de horno de 20 cm, con el lado que has vaciado hacia arriba.
4. Casca un huevo dentro de cada aguacate y reparte el pollo entre las dos mitades. Espolvorea el queso encima de cada uno y sazónalos con un poco de sal y pimienta.
5. Hornéalos hasta que los huevos queden bien cocinados, de 15 a 20 minutos.
6. Sírvelo al momento.

CONSEJO DE PREPARACIÓN Tener pechugas de pollo cocinadas es muy práctico para preparar muchas recetas; puedes asar 4 o 5 pechugas a principios de semana y guardarlas en una bolsa de plástico bien cerradas en la nevera, después de dejarlas enfriar bien. Puedes conservarlas hasta 5 días refrigeradas.

POR RACIÓN Calorías: 324; grasas: 25 g; proteínas: 19 g; carbohidratos: 8 g; fibra: 5 g; carbohidratos netos: 3 g; grasas 70 % / proteínas 20 % / carbohidratos 10 %

APERITIVOS Y TENTEMPIÉS

CETODESCRIPCIÓN

**SIN GLUTEN
SIN FRUTOS SECOS**

BOMBAS DE GRASA CON BEICON Y PIMIENTA

12 raciones / Tiempo de preparación: 10 minutos, más 1 hora de reposo

Las bombas de grasa están pensadas para ayudarte a cumplir con tus requerimientos diarios de macronutrientes sin problemas y sin tener que planificar. Esta bomba de beicon con queso tiene un sabor intenso y delicioso, con el toque saciante de la pimienta negra. Si eres muy fan del picante, añádele además una pizca de cayena y verás cómo aporta sabor a la receta y te da vitalidad.

60 g de queso de cabra a temperatura ambiente

60 g de queso crema a temperatura ambiente

8 tiras de beicon cocinadas y cortadas

¼ taza de mantequilla a temperatura ambiente

1 pizca de pimienta negra recién molida

1. Prepara una bandeja forrándola con papel de hornear.
2. Mezcla bien en un bol mediano el queso de cabra, el queso crema, la mantequilla, el beicon y la pimienta.
3. Usa una cuchara para verter la mezcla en la bandeja de hornear y ponla en el congelador hasta que las bombas estén firmes, sin llegar a estar congeladas, aproximadamente 1 hora.
4. Puedes conservar las bombas de grasa en un recipiente hermético en la nevera hasta 2 semanas.

POR RACIÓN (1 BOMBA) Calorías: 89; grasas: 8 g; proteínas: 3 g; carbohidratos: 0 g; fibra: 0 g; carbohidratos netos: 0 g; grasas 84 % / proteínas 15 % / carbohidratos 1%

BOMBAS DE GRASA CON SALMÓN AHUMADO

CETODESCRIPCIÓN

SIN GLUTEN
SIN FRUTOS SECOS

12 raciones / Tiempo de preparación: 10 minutos, más 2 horas para enfriar

Muchos restaurantes sirven un aperitivo hecho de salmón ahumado y queso crema con hierbas untado sobre tortillas, enrollado y cortado en rollitos del tamaño de un bocado. Esta cetorreceta es una versión sin tortillas pero que mantiene su delicioso sabor. Si te gusta cómo sabe, puedes añadir una pizca de eneldo fresco picado a la mezcla.

½ taza de queso de cabra a temperatura ambiente

½ taza de mantequilla a temperatura ambiente

60 g de salmón ahumado

2 cucharaditas de zumo de limón recién exprimido

1 pizca de pimienta negra recién molida

1. Forra una bandeja de hornear con papel y resérvala.
2. En un tazón mediano, mezcla bien el queso de cabra, la mantequilla, el salmón ahumado, el zumo de limón y la pimienta.
3. Con una cucharada, reparte en 12 montones la mezcla de salmón sobre la bandeja de hornear.
4. Coloca la bandeja en la nevera hasta que las bombas de grasa adquieran una consistencia firme, de 2 a 3 horas.
5. Consérvalas en un recipiente hermético en la nevera hasta 1 semana.

PARA SABER MÁS El omega-3 del salmón ahumado es más estable que el del pescado fresco, es decir, es menos propenso a la oxidación. Solo procura comprar salmón ahumado de la mejor calidad, porque las versiones más baratas a menudo se ahúman con serrín.

POR RACIÓN (2 BOMBAS) Calorías: 193; grasas: 18 g; proteínas: 8 g; carbohidratos: 0 g; fibra: 0 g; carbohidratos netos: 0 g; grasas 84 % / proteínas 16 % / carbohidratos 0 %

QUESO DE CABRA CON COBERTURA DE HIERBAS Y NUECES

4 raciones / Tiempo de preparación: 10 minutos

El queso de cabra es una maravillosa creación ácida que contiene, en una porción de alrededor de 60 g (el tamaño indicado para esta receta), 12 g de grasa, 10 g de proteínas y cero carbohidratos. Utiliza queso de cabra tierno y evita el semiseco y el seco, porque contienen carbohidratos. En la mayoría de los supermercados encontrarás queso de cabra fresco.

170 g nueces picadas
1 cucharada de orégano picado
1 cucharada de perejil picado
1 cucharadita de tomillo fresco picado

¼ cucharadita de pimienta negra
   recién molida
1 rulo de queso de cabra (225 g)

1. Coloca las nueces, el orégano, el perejil, el tomillo y la pimienta en un procesador de alimentos y pícalos hasta conseguir un grosor fino.
2. Vierte la mezcla en un plato y haz rodar el rulo de queso de cabra sobre ella, presionando para que quede bien fijada al queso.
3. Envuélvelo en plástico y consérvalo en la nevera hasta 1 semana.
4. Córtalo y disfruta de su sabor.

POR RACIÓN Calorías: 304; grasas: 28 g; proteínas: 12 g; carbohidratos: 4 g; fibra: 2 g; carbohidratos netos: 2 g; grasas 77 % / proteínas 18 % / carbohidratos 6 %

GALLETAS CRUJIENTES DE PARMESANO

CETODESCRIPCIÓN

SIN GLUTEN
SIN FRUTOS SECOS
VEGETARIANA
MENOS DE 30 MINUTOS

8 galletas / Tiempo de preparación: 10 minutos /
Tiempo de cocción: 5 minutos

El queso parmesano tiene una proporción de nutrientes adecuados para una dieta cetogénica, en especial cuando se combina con un poco de mantequilla para crear estas delicias. El queso se extiende y se derrite sobre grandes galletas doradas crujientes que calmarán cualquier apetito de caprichos sabrosos. También puedes usar el parmesano rallado, siempre y cuando lo ralles justo antes de usarlo. El queso ya rallado que se vende en algunos supermercados no es recomendable; tiende a ser demasiado seco y harinoso para derretirse bien.

225 g de parmesano cortado en tiras   1 cucharadita de mantequilla
   o recién rallado

1. Precalienta el horno a 200 °C.
2. Forra una bandeja con papel de hornear y engrásalo con un poco de mantequilla.
3. Con una cuchara, reparte el parmesano en montones, dejando una separación generosa entre ellos.
4. Pasa el dorso de la cuchara por los montones hasta que queden planos.
5. Hornea las galletas hasta que los bordes estén dorados y los centros estén aún pálidos, unos 5 minutos.
6. Saca la bandeja del horno y, con una espátula, pon las galletas sobre papel de cocina. Cúbrelas con más papel y deja que se enfríen del todo.
7. Guárdalas en un recipiente hermético en la nevera hasta 4 días.

POR RACIÓN (1 GALLETA) Calorías: 133; grasas: 11 g; proteínas: 11 g; carbohidratos: 1 g; fibra: 0 g; carbohidratos netos: 1 g; grasas 70% / proteínas 29% / carbohidratos 1%

HUEVOS ENDIABLADOS CON BEICON Y QUESO

12 raciones / Tiempo de preparación: 15 minutos

Los huevos endiablados son una de mis recetas favoritas. Además es muy fácil prepararlos y convertirlos en un rico plato especial: es tan sencillo como añadirles beicon y queso suizo. Los huevos son un ingrediente maravilloso para una dieta cetogénica, y una fuente excelente de grasas y proteínas, aproximadamente un 63 % y un 35 %, respectivamente, en un huevo grande. Puedes tomar este plato como tentempié ligero o durante una comida familiar en una bandeja de entremeses.

6 huevos duros grandes pelados

¼ taza de Mayonesa cremosa (página 139)

¼ aguacate picado

¼ taza de queso suizo, en tiras finas

½ cucharadita de mostaza de Dijon

Pimienta negra recién molida

6 tiras de beicon cocinado y cortado

1. Corta los huevos por la mitad a lo largo.
2. Retira con cuidado las yemas y ponlas en un bol mediano. Pon en un plato las claras con la parte vaciada hacia arriba.
3. Aplasta las yemas con un tenedor y añade la mayonesa, el aguacate, el queso y la mostaza de Dijon. Remuévelo todo hasta que quede bien mezclado y condiméntalo con pimienta negra.
4. Con una cuchara, rellena las claras con la mezcla, y para acabar añade encima unos trocitos del beicon cortado.
5. Puedes guardar los huevos en un recipiente hermético 1 día en la nevera.

CONSEJO DE PREPARACIÓN Los huevos duros son un tentempié perfecto y un acompañamiento genial para muchas recetas, sobre todo para ensaladas y entrantes. Prepara una docena de huevos duros al principio de la semana y guárdalos en la nevera para usarlos cuando los necesites.

POR RACIÓN (1 HUEVO) Calorías: 85; grasas: 7 g; proteínas: 6 g; carbohidratos: 2 g; fibra: 0 g; carbohidratos netos: 2 g; grasas 70 % / proteínas 25 % / carbohidratos 5 %

SALSA DE QUESO

6 raciones / Tiempo de preparación: 5 minutos /
Tiempo de cocción: 10 minutos

A este plato se le llama también chile con queso. Es originario de México y se sirve igualmente en muchos restaurantes de cocina Tex-Mex (fusión de las cocinas texana y mexicana). Los jalapeños son picantes porque contienen capsaicina. En la escala Scoville (que mide el grado de picante de los alimentos) se sitúan en una zona intermedia, con unas 2500 a 8000 unidades Scoville por pimiento. Si quieres una salsa más picante, usa unos pimientos con más unidades Scoville, como el chile habanero o el pimiento rojo Caribe.

½ taza de leche de coco
½ pimiento jalapeño sin semillas
cortado en dados
1 cucharadita de ajo picado

½ cucharadita de cebolla en polvo
60 g de queso de cabra
170 g de queso cheddar rallado
¼ cucharadita de pimienta de cayena

1. Pon una olla mediana a fuego medio y echa la leche de coco, el jalapeño, el ajo y la cebolla en polvo.
2. Llévalo a hervor y luego añade el queso de cabra, removiendo hasta que quede una textura fina.
3. Añade el queso cheddar y la cayena y mézclalo hasta que quede una salsa espesa, de 30 segundos a 1 minuto.
4. Pon la salsa en un recipiente y sírvela con galletas saladas o vegetales bajos en carbohidratos.

POR RACIÓN Calorías: 213; grasas: 19 g; proteínas: 10 g; carbohidratos: 2 g; fibra: 0 g; carbohidratos netos: 2 g; grasas 79 % / proteínas 19 % / carbohidratos 2 %

CETODESCRIPCIÓN

SIN GLUTEN
SIN FRUTOS SECOS

SOPA DE COLIFLOR Y CHEDDAR

8 raciones / Tiempo de preparación: 10 minutos /
Tiempo de cocción: 30 minutos

La coliflor es un vegetal versátil que puede estar presente en múltiples recetas de una dieta cetogénica, como el caso de esta sopa cremosa. Es una excelente fuente de vitaminas C y K, ácidos grasos omega-3 y manganeso, que puede favorecer la digestión, mejorar el funcionamiento del cerebro y promover la salud del corazón. Para escoger bien una coliflor, fíjate en que sea de color blanco nieve, con hojas verdes crujientes y ni una sola mancha marrón.

¼ taza de mantequilla
½ cebolla dulce picada
1 coliflor picada
4 tazas de Caldo de pollo con hierbas
  (página 143)
Sal marina

½ cucharadita de nuez moscada
  molida
1 taza de nata rica en grasa para
  montar
Pimienta negra recién molida
1 taza de queso cheddar rallado

1. Pon una olla sopera grande a fuego medio y echa la mantequilla.
2. Saltea la cebolla y la coliflor hasta que estén tiernas y un poco marrones, unos 10 minutos.
3. Añade el caldo de pollo y la nuez moscada a la olla y lleva el líquido a hervor.
4. Baja el fuego al mínimo y deja hervir hasta que los vegetales estén muy tiernos, unos 15 minutos.
5. Retira la olla del fuego, añade la nata rica en grasa y tritura la mezcla con una batidora de mano o en un procesador de alimentos, hasta lograr una textura fina.
6. Condimenta la sopa con sal y pimienta y sírvela con queso cheddar por encima.

POR RACIÓN Calorías: 227; grasas: 21 g; proteínas: 8 g; carbohidratos: 4 g; fibra: 2 g; carbohidratos netos: 2 g; grasas 81% / proteínas 12% / carbohidratos 9%

ENSALADA DE BEICON, LECHUGA Y TOMATE

4 raciones / Tiempo de preparación: 15 minutos

Las porciones de esta ensalada son bastante pequeñas, pero la combinación de ingredientes encierra una explosión de sabores y da como resultado un plato consistente. Si para el aliño usas grasa de beicon en lugar de aceite de oliva, estará aún más rica. La grasa de beicon se conserva en la nevera, dentro de un recipiente hermético, hasta 1 semana, así que puedes guardarla para otras recetas siempre que cocines beicon.

2 cucharadas de grasa de beicon derretida

2 cucharadas de vinagre de vino tinto

Pimienta negra recién molida

4 tazas de lechuga cortada en tiras finas

1 tomate troceado

6 tiras de beicon cocinado y cortado

2 huevos duros picados

1 cucharada de semillas de girasol tostadas sin sal

1 cucharadita de semillas de sésamo tostadas

1 pechuga de pollo cocinada cortada en filetes (opcional)

1. Mezcla en un bol mediano la grasa de beicon y el vinagre hasta que queden emulsionados. Sazona la mezcla con pimienta negra.
2. Añade la lechuga y el tomate al bol y mézclalos con el aliño.
3. Reparte la ensalada en cuatro platos y cúbrelos con iguales cantidades de beicon, huevo, semillas de girasol y de sésamo y pollo, si lo usas. Luego sírvelo.

INGREDIENTES ALTERNATIVOS Si quieres probar la ensalada con un aliño tibio, calienta un poco la grasa de beicon antes de mezclarla con el vinagre. Sustituye la lechuga normal por kale o espinacas. Las lechugas de hojas más resistentes no se ablandarán con el aliño caliente.

POR RACIÓN Calorías: 228; grasas: 18 g; proteínas: 1 g; carbohidratos: 4 g; fibra: 2 g; carbohidratos netos: 2 g; grasas 76 % / proteínas 17 % / carbohidratos 7 %

ROLLITOS DE LECHUGA RELLENOS DE AGUACATE Y POLLO

4 raciones / Tiempo de preparación: 10 minutos

Los rollitos o paquetitos de lechuga son un método inmejorable para disfrutar de sándwiches y coberturas sin añadir una gota de carbohidratos. Las mejores lechugas para esta receta son la Boston, la hoja de roble verde o roja, o bien lechuga romana sin el tallo. Al suprimir los tallos, puedes enrollar fácilmente la hoja para hacer los paquetitos sin que se abra o se rompa.

½ aguacate pelado y sin hueso
⅓ taza de Mayonesa cremosa
  (página 139)
1 cucharadita de zumo de limón
  recién exprimido
2 cucharaditas de tomillo fresco
  picado

1 pechuga de pollo (170 g) asada
  y cortada
Sal marina
Pimienta negra recién molida
8 hojas de lechuga grandes
¼ taza de nueces picadas

1. En un tazón mediano, tritura el aguacate y mézclalo bien con la mayonesa, el zumo de limón y el tomillo.
2. Agrega el pollo cortado y sazona la mezcla con sal y pimienta.
3. Rellena las hojas de lechuga con la ensalada de pollo y añade las nueces por encima.
4. Sirve 2 rollitos de lechuga por persona.

POR RACIÓN Calorías: 264; grasas: 20 g; proteínas: 12 g; carbohidratos: 9 g; fibra: 3 g; carbohidratos netos: 6 g; grasas 70 % / proteínas 16 % / carbohidratos 14 %

AGUACATE RELLENO DE ENSALADA DE CANGREJO

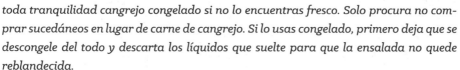

2 raciones / Tiempo de preparación: 20 minutos

Este es un plato sofisticado que sirve de tentempié consistente o de comida ligera, según el tamaño de los aguacates que utilices. Puedes usar con toda tranquilidad cangrejo congelado si no lo encuentras fresco. Solo procura no comprar sucedáneos en lugar de carne de cangrejo. Si lo usas congelado, primero deja que se descongele del todo y descarta los líquidos que suelte para que la ensalada no quede reblandecida.

1 aguacate pelado, cortado por la mitad a lo largo y deshuesado

½ cucharadita de zumo de limón recién exprimido

125 g de buey del Pacífico

½ taza de queso crema

½ cebolleta cortada

¼ taza de pimiento morrón rojo cortado

¼ taza de pepino inglés pelado y cortado

1 cucharadita de cilantro picado

1 pizca de sal marina

Pimienta negra recién molida

1. Añade zumo de limón a los aguacates cortados y reserva las dos mitades en un plato.
2. En un tazón mediano, mezcla bien la carne de cangrejo, el queso crema, el pimiento rojo, el pepino, la cebolla, el cilantro, la sal y la pimienta.
3. Distribuye el relleno entre las dos mitades del aguacate y consérvalas en la nevera cubiertas con plástico hasta que vayas a servirlas, hasta un máximo de 2 días.

PARA SABER MÁS La temporada de buey del Pacífico va más o menos de diciembre a abril; esta es la mejor época para comprar este crustáceo. Esta especie está clasificada como marisco sostenible.

POR RACIÓN Calorías: 389; grasas: 31 g; proteínas: 19 g; carbohidratos: 10 g; fibra: 5 g; carbohidratos netos: 5 g; grasas 70 % / proteínas 20 % / carbohidratos 10 %

CAPÍTULO 5

PESCADO Y AVES

ASADO DE GAMBAS Y CHORIZO

4 ra... ...nes / Tiempo de preparación: 15 minutos / Tiemp... ...e cocción: 20 minutos

El chorizo, un embutido curado, no es solo típico de la cocina española. También lo encontramos en la cocina de Portugal y de Latinoamérica. Puede ser picante o ligeramente dulce. Debe su color rojo característico a las buenas cantidades de pimentón que se le añaden al prepararlo. Es muy rico en proteínas, unos 15 g en una porción de 85 g, y una excelente fuente de zinc, selenio y vitamina B$_{12}$.

2 cucharadas de aceite de oliva

170 g de chorizo en dados

225 g (16 a 20 piezas) de gambas peladas (retirar la vena oscura que tienen a lo largo del cuerpo)

1 pimiento morrón rojo troceado

½ cebolla dulce pequeña picada

2 cucharaditas de ajo picado

¼ taza de Caldo de pollo con hierbas (página 143)

1 pizca de pimienta roja en copos

1. Coloca una sartén grande a fuego medio-alto y echa en ella el aceite de oliva.
2. Saltea el chorizo para calentarlo unos 6 minutos.
3. Añade las gambas y cocínalas hasta que adquieran un aspecto opaco y queden bien hechas, unos 4 minutos.
4. Pon el chorizo y las gambas en un recipiente y resérvalos.
5. Añade el pimiento rojo, la cebolla y el ajo a la sartén y sofríelo hasta que quede tierno, unos 4 minutos.
6. Incorpora el caldo de pollo y la mezcla de chorizo y gambas.
7. Hiérvelo a fuego lento durante 3 minutos.
8. Agrega la pimienta roja y sírvelo.

PARA SABER MÁS Por lo general, la pesca de gambas no es sostenible y la mayoría de las que se crían en piscifactorías no se consideran buenas para el consumidor. Lo mejor es comprar gambas salvajes pescadas en Estados Unidos, en la zona del Pacífico o del sur de la Costa Oeste, o bien gambas de piscifatoría que cuenten con sistemas de acuicultura recirculantes.

POR RACIÓN Calorías: 323; grasas: 24 g; proteínas: 20 g; carbohidratos: 8 g; fibra: 2 g; carbohidratos netos: 6 g; grasas 69 % / proteínas 25 % / carbohidratos 6 %

VIEIRAS A LAS HIERBAS CON MANTEQUILLA

4 raciones / Tiempo de preparación: 10 minutos /
Tiempo de cocción: 10 minutos

Solemos pensar en la vieira como en uno de esos alimentos que es mejor comer en un restaurante porque nos parece difícil cocinarlo. En realidad, este sabroso marisco es bastante fácil de preparar si vigilas la cocción y no lo dejas demasiado tiempo en el fuego. La vieira tiene un alto contenido en proteínas, selenio y vitamina B$_{12}$. Todos ellos son nutrientes vitales para la salud cardiovascular, que además pueden ayudar a reducir el riesgo de sufrir artritis y cáncer de colon.

450 g de vieiras limpias
Pimienta negra recién molida
8 cucharadas de mantequilla,
    reservando un poco
2 cucharaditas de ajo picado

1 limón exprimido
2 cucharaditas de albahaca fresca
    picada
1 cucharadita de tomillo fresco picado

1. Seca las vieiras con papel de cocina y sazónalas con un poco de pimienta.
2. Pon 2 cucharadas de mantequilla en una sartén grande a fuego medio.
3. Reparte las vieiras uniformemente dentro de la sartén, sin ponerlas demasiado juntas, y cocínalas hasta que estén doradas, unos 2 minutos por lado.
4. Ponlas en un plato y resérvalas.
5. Añade las 6 cucharadas restantes de mantequilla a la sartén y sofríe el ajo hasta que quede translúcido, unos 3 minutos.
6. Añade el zumo de limón, la albahaca y el tomillo y pon de nuevo las vieiras en la sartén, removiéndolas para cubrirlas con la salsa.
7. Sírvelas al momento.

POR RACIÓN Calorías: 306; grasas: 24 g; proteínas: 19 g; carbohidratos: 4 g; fibra: 0 g; carbohidratos netos: 4 g; grasas 70 % / proteínas 25 % / carbohidratos 5 %

HALIBUT SALTEADO CON SALSA CÍTRICA DE MANTEQUILLA

4 raciones / Tiempo de preparación: 10 minutos / Tiempo de cocción: 15 minutos

Los cítricos son frutas absolutamente deliciosas y repletas de nutrientes. Tanto las naranjas como los limones son excelentes fuentes de vitamina C, que fortalece el sistema inmunitario y puede ayudar a desintoxicar el cuerpo. Además de esas propiedades, el ácido de los cítricos es una adición maravillosa a la mayoría de los pescados y preparaciones con marisco.

4 filetes de halibut (140 g cada uno) de 2,5 cm de grueso
Sal marina
Pimienta negra recién molida
¼ taza de mantequilla
2 cucharaditas de ajo picado
1 chalote picado

3 cucharadas de vino blanco seco
1 cucharada de zumo de limón recién exprimido
1 cucharada de zumo de naranja recién exprimida
2 cucharaditas de perejil fresco picado
2 cucharadas de aceite de oliva

1. Seca los filetes de pescado con papel de cocina y luego sazónalos con un poco de sal y pimienta. Ponlos en un plato, sobre papel de cocina, y resérvalos.
2. Pon la mantequilla en una cacerola pequeña a fuego medio y derrítela.
3. Saltea el ajo y el chalote hasta que estén tiernos, unos 3 minutos.
4. Añade el vino blanco, el zumo de limón y el zumo de naranja y ponlo a fuego lento, cocinando la salsa hasta que espese un poco, unos 2 minutos.
5. Retira la salsa del fuego y añade el perejil. Resérvala.
6. Calienta el aceite de oliva en una sartén grande a fuego medio-alto.
7. Cocina el pescado a fuego lento hasta que esté ligeramente dorado y bien hecho, dándole la vuelta una vez, unos 10 minutos en total.
8. Añade una cucharada de salsa sobre cada filete y sirve al momento.

INGREDIENTES ALTERNATIVOS Cualquier tipo de pescado blanco que tenga una carne consistente quedará delicioso con esta salsa cremosa. Prueba con el eglefino, la tilapia o la lubina.

POR RACIÓN Calorías: 319; grasas: 26 g; proteínas: 22 g; carbohidratos: 2 g; fibra: 0 g; carbohidratos netos: 2 g; grasas 70 % / proteínas 29 % / carbohidratos 1 %

PESCADO AL CURRY

4 raciones / Tiempo de preparación: 10 minutos /
Tiempo de cocción: 25 minutos

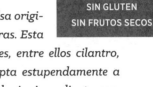

Llamamos curry a un conjunto de recetas preparadas con la salsa originaria de la India, que han sido adaptadas por numerosas culturas. Esta popular mezcla de especias suele contener muchos ingredientes, entre ellos cilantro, clavo, comino, cúrcuma, jengibre, pimentón y canela. Se adapta estupendamente a muchas cocinas del mundo porque queda muy bien con casi cualquier ingrediente: verduras, carnes, pescados, huevos, mantequilla y coco.

2 cucharadas de aceite de coco

1 ½ cucharadas de jengibre fresco rallado

2 cucharaditas de ajo picado

1 cucharada de curry en polvo

½ cucharadita de comino en polvo

2 tazas de leche de coco

450 g de pescado blanco, cortado en dados de 2,5 cm

1 taza de kale picado

2 cucharadas de cilantro picado

1. Derrite el aceite de coco en una cazuela grande a fuego medio.
2. Sofríe el jengibre y el ajo hasta que se doren un poco, unos 2 minutos.
3. Agrega el curry y el comino, salteándolos hasta que liberen un olor intenso, unos 2 minutos.
4. Incorpora la leche de coco y lleva el líquido a ebullición.
5. Reduce a fuego lento y cocina la mezcla unos 5 minutos más para que la leche absorba el sabor de las especias.
6. Añade el pescado y cocínalo unos 10 minutos, hasta que esté bien cocido.
7. Agrega el kale y el cilantro y mantén la mezcla a fuego lento hasta que el kale se ablande, unos 2 minutos.
8. Sírvelo.

POR RACIÓN Calorías: 416; grasas: 31 g; proteínas: 26 g; carbohidratos: 5 g; fibra: 1 g; carbohidratos netos: 4 g; grasas 70 % / proteínas 24 % / carbohidratos 6 %

SALMÓN ASADO CON SALSA DE AGUACATE

4 raciones / Tiempo de preparación: 15 minutos /
Tiempo de cocción: 12 minutos

Una salsa sencilla preparada con ingredientes crudos es el mejor acompañamiento para un plato de jugoso pescado, y los aguacates son la elección perfecta para la base de la salsa. Saca de la nevera los ingredientes 1 hora antes de servir el pescado para que estén a temperatura ambiente. Además, el sabor del aguacate será más intenso que cuando está frío. Para esta receta puedes preparar el salmón a la plancha, porque soporta bien las temperaturas altas y su carne no queda seca.

PARA LA SALSA

1 aguacate pelado, deshuesado
   y cortado en dados
1 cebolleta (las partes verde y blanca)
   picada
½ taza de tomates cherry cortados
   por la mitad
1 limón exprimido
Ralladura de 1 limón

PARA EL PESCADO

1 cucharadita de comino en polvo
½ cucharadita de cilantro en polvo
½ cucharadita de cebolla en polvo
¼ cucharadita de sal marina
1 pizca de pimienta negra recién
   molida
1 pizca de pimienta de cayena
4 filetes de salmón (de 110 g) sin
   espinas ni piel
2 cucharadas de aceite de oliva

PREPARAR LA SALSA

1. Mezcla bien el aguacate, la cebolleta, los tomates, el zumo de limón y su ralladura en un bol pequeño.
2. Reserva la salsa.

PREPARAR EL PESCADO

1. Precalienta el horno a 200 ºC. Forra una bandeja de hornear con papel de aluminio y resérvala.
2. En un bol pequeño mezcla bien el comino, el cilantro, la cebolla en polvo, la sal, la pimienta negra y la cayena.
3. Frota los filetes de salmón con la mezcla de especias y colócalos en la bandeja del horno.
4. Rocía los filetes con el aceite de oliva y ásalos hasta que el pescado esté bien cocinado, unos 15 minutos.
5. Sirve el salmón con la salsa de aguacate por encima.

POR RACIÓN Calorías: 320; grasas: 26 g; proteínas: 22 g; carbohidratos: 4 g; fibra: 3 g; carbohidratos netos: 1 g; grasas 69 % / proteínas 26 % / carbohidratos 5 %

LENGUADO AL QUESO ASIAGO

4 raciones / Tiempo de preparación: 10 minutos / Tiempo de cocción: 8 minutos

El lenguado es un pescado plano, y por tanto tiene los ojos a un lado de la cabeza. Eso le da un aspecto extraño, pero no te dejes influir por ello: fileteado está delicioso. Aunque no es una especie amenazada, sí está sobreexplotada en algunas zonas, así que es más escaso que en el pasado. Este pescado delicado y tierno se mantiene muy bien congelado. Si no puedes encontrar filetes frescos, congelados también quedan muy ricos.

4 filetes de lenguado de 110 g
¾ taza de almendras molidas
¼ taza de queso asiago

2 huevos batidos
2 ½ cucharadas de aceite de coco fundido

1. Precalienta el horno a 175 °C. Forra una bandeja con papel de hornear y resérvala.
2. Seca los filetes de pescado con papel de cocina.
3. Mezcla las almendras molidas y el queso en un bol pequeño.
4. Coloca el recipiente con los huevos batidos cerca de la mezcla de almendras.
5. Baña cada filete de lenguado en el huevo batido y luego pásalo al bol con la mezcla de almendras hasta que quede completamente cubierto con ella. Luego colócalo en la bandeja de hornear y repite esta operación hasta empanar todos los filetes.
6. Añade aceite de coco a los dos lados de cada filete con un pincel de cocina.
7. Hornea el lenguado hasta que quede bien hecho, unos 8 minutos en total.
8. Sírvelo inmediatamente.

POR RACIÓN Calorías: 406; grasas: 31 g; proteínas: 29 g; carbohidratos: 6 g; fibra: 3 g; carbohidratos netos: 3 g; grasas 65 % / proteínas 30 % / carbohidratos 5 %

EGLEFINO ASADO CON COCO

4 raciones / Tiempo de preparación: 10 minutos /
Tiempo de cocción: 12 minutos

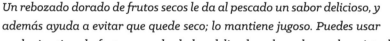

Un rebozado dorado de frutos secos le da al pescado un sabor delicioso, y además ayuda a evitar que quede seco; lo mantiene jugoso. Puedes usar cualquier tipo de fruto seco, desde las delicadas almendras a los pistachos, con más cuerpo. Solo tienes que sustituir las avellanas de la receta por la misma cantidad de cualquier otro fruto seco.

4 filetes de eglefino (de 140 g) sin espinas
Sal marina
Pimienta negra recién molida

1 taza de coco rallado sin edulcorante
¼ taza de avellanas molidas
2 cucharadas de aceite de coco fundido

1. Precalienta el horno a 200 ºC. Forra una bandeja de hornear con papel vegetal y resérvala.
2. Seca bien los filetes de pescado con papel de cocina y sazónalos con un poco de sal y pimienta.
3. Mezcla el coco rallado y las avellanas en un tazón pequeño.
4. Reboza los filetes de pescado en la mezcla de coco, asegurándote de que los dos lados queden bien cubiertos.
5. Coloca el pescado rebozado en la bandeja de hornear y aplica el aceite de coco por los dos lados con un pincel de cocina.
6. Hornea el eglefino hasta que el rebozado se vea dorado y puedas retirarlo fácilmente con un tenedor, unos 12 minutos en total.
7. Sírvelo.

CONSEJO DE PREPARACIÓN Si quieres dejar el pescado listo para meterlo en el horno, rebózalo hasta con 1 día de antelación. Luego ponlo en la bandeja del horno, cúbrelo con papel film y consérvalo en la nevera hasta que vayas a hornearlo.

POR RACIÓN Calorías: 299; grasas: 24 g; proteínas: 20 g; carbohidratos: 4 g; fibra: 3 g; carbohidratos netos: 1 g; grasas 66 % / proteínas 28 % / carbohidratos 6 %

SALMÓN CON QUESO Y AJO

4 raciones / Tiempo de preparación: 15 minutos /
Tiempo de cocción: 12 minutos

La textura firme y sustanciosa del salmón funciona bien con el ajo y el queso de esta receta. Es uno de los pescados más saludables, que contiene montones de nutrientes, como la vitamina D y ácidos grasos omega-3. El salmón salvaje pescado en el Pacífico, frente a las costas estadounidenses y canadienses, cuenta con un nivel muy elevado de estos nutrientes, que tienen propiedades antiinflamatorias y antioxidantes.

½ taza de queso asiago

2 cucharadas de zumo de limón recién exprimido

2 cucharadas de mantequilla a temperatura ambiente

2 cucharaditas de ajo picado

1 cucharadita de albahaca fresca picada

1 cucharadita de orégano fresco picado

4 filetes de salmón de 140 g

1 cucharada de aceite de oliva

1. Precalienta el horno a 175 °C. Forra una bandeja de hornear con papel vegetal y resérvala.
2. Mezcla en un bol pequeño el queso asiago, el zumo de limón, la mantequilla, el ajo, la albahaca y el orégano.
3. Seca el salmón con papel de cocina y coloca los filetes sobre la bandeja de hornear, poniendo hacia abajo el lado con piel. Reparte la salsa entre los filetes y extiéndela usando un cuchillo o con el dorso de una cuchara.
4. Rocía el pescado con el aceite de oliva y hornéalo hasta que quede dorado y bien cocido, unos 12 minutos.
5. Sírvelo.

POR RACIÓN Calorías: 357; grasas: 28 g; proteínas: 24 g; carbohidratos: 2 g; fibra: 0 g; carbohidratos netos: 2 g; grasas 70 % / proteínas 28 % / carbohidratos 2 %

POLLO CON MANTEQUILLA AL LIMÓN

CETODESCRIPCIÓN

SIN GLUTEN
SIN FRUTOS SECOS

4 raciones / Tiempo de preparación: 10 minutos / Tiempo de cocción: 40 minutos

El pollo es un alimento básico en muchos hogares porque combina de maravilla con muchos ingredientes y porque su sabor suave gusta incluso a los más escrupulosos a la hora de comer. Si tu presupuesto te lo permite, compra pollo ecológico alimentado con gramíneas, porque sabe mejor que el de criadero. Además, el pollo ecológico tiene un mayor contenido en vitamina A y ácidos grasos omega-3.

4 muslos de pollo con hueso y piel
Sal marina
Pimienta negra recién molida
2 cucharadas de mantequilla,
  repartida en dos
2 cucharaditas de ajo picado

½ taza de Caldo de pollo con hierbas
  (página 143)
½ taza de nata rica en grasa para
  montar
½ limón exprimido

1. Precalienta el horno a 95 °C.
2. Sazona el pollo con un poco de sal y pimienta.
3. Pon 1 cucharada de mantequilla en una cazuela para el horno, a fuego medio alto.
4. Dora los muslos de pollo por los dos lados, unos 6 minutos en total. Retíralos de la cazuela y resérvalos.
5. Añade la otra cucharada de mantequilla y saltea el ajo hasta que quede translúcido, unos 2 minutos.
6. Añade el caldo de pollo, la nata y el zumo de limón.
7. Lleva la salsa a hervor y pon de nuevo el pollo en la cazuela.
8. Mete la cazuela tapada en el horno y calienta el estofado hasta que el pollo esté bien cocinado, unos 30 minutos.

PARA SABER MÁS A menudo se prefieren las pechugas de pollo a los muslos, aunque estos tienen más sabor y son más jugosos. También son más asequibles que las pechugas y constituyen una opción más que conveniente para los presupuestos limitados.

POR RACIÓN Calorías: 294; grasas: 26 g; proteínas: 12 g; carbohidratos: 4 g; fibra: 1 g; carbohidratos netos: 3 g; grasas 78 % / proteínas 17 % / carbohidratos 5 %

HAMBURGUESAS DE POLLO Y BEICON

6 raciones / Tiempo de preparación: 10 minutos / Tiempo de cocción: 25 minutos

El mejor método para preparar estas hamburguesas jugosas de hierbas es sobre una parrilla a fuego medio, pero también quedan muy bien al horno. Puedes doblar la cantidad de ingredientes y conservar en el congelador las hamburguesas sobrantes listas para hacer al grill. Solo tienes que envolverlas en film plástico y separarlas entre ellas con papel vegetal, o bien guardarlas en una bolsa de congelador con autocierre. Cuando quieras preparar una cena rápida y sencilla, solo tienes que descongelarlas y meterlas al horno.

450 g de carne de pollo picada
8 tiras de beicon troceado
¼ taza de almendras molidas
1 cucharadita de albahaca fresca picada
¼ cucharadita de sal marina

1 pizca de pimienta negra recién molida
2 cucharadas de aceite de coco
4 hojas de lechuga grandes
1 aguacate pelado, sin hueso y cortado en rodajas

1. Precalienta el horno a 175 °C. Forra una bandeja de horno con papel vegetal y resérvala.
2. En un bol mediano, mezcla bien el pollo, el beicon, las almendras molidas, la albahaca, la sal y la pimienta.
3. Forma 6 hamburguesas del mismo tamaño con esta mezcla.
4. Añade el aceite de coco a una sartén grande a fuego medio-alto.
5. Cocina a fuego lento las hamburguesas hasta que se doren por los dos lados, unos 6 minutos en total.
6. Colócalas en la bandeja y hornéalas hasta que estén completamente hechas, unos 15 minutos.
7. Sírvelas sobre hojas de lechuga, cubiertas con rodajas de aguacate.

POR RACIÓN Calorías: 374; grasas: 33 g; proteínas: 18 g; carbohidratos: 3 g; fibra: 2 g; carbohidratos netos: 1 g; grasas 78 % / proteínas 20 % / carbohidratos 2 %

POLLO AL PIMENTÓN

4 raciones / Tiempo de preparación: 10 minutos /
Tiempo de cocción: 25 minutos

El pimentón es una especia roja que se prepara moliendo los pimientos morrones rojos dulces secados y los pimientos chile convertidos en polvo fino. Hay variedades dulces, picantes y ahumadas, por nombrar solo algunas. Su vistoso color y su sabor picante impregnan al resto de los ingredientes en esta receta. Además de ser delicioso, proporciona algunos beneficios saludables, como la protección frente a la degeneración macular, una afección que provoca la pérdida de visión.

4 pechugas de pollo con piel de 110 g
Sal marina
Pimienta negra recién molida
1 cucharada de aceite de oliva
½ taza de cebolla dulce picada

½ taza de nata para montar rica en grasa
2 cucharaditas de pimentón ahumado
½ taza de crema agria
2 cucharadas de perejil fresco picado

1. Sazona el pollo con un poco de sal y pimienta.
2. Pon el aceite de oliva en una sartén grande a fuego medio-alto.
3. Soasa el pollo por los dos lados hasta que esté casi hecho, unos 15 minutos en total. Ponlo en un plato junto con el líquido que ha soltado.
4. Agrega la cebolla a la sartén y saltéala hasta que esté tierna, unos 4 minutos.
5. Incorpora la nata y el pimentón y llévalos a hervor a fuego lento.
6. Añade ahora el pollo y su jugo de cocción a la sartén y cocínalo a fuego lento durante 5 minutos, hasta que esté completamente hecho.
7. Añade la crema agria y retira la sartén del fuego.
8. Sírvelo cubierto con el perejil.

POR RACIÓN Calorías: 389; grasas: 30 g; proteínas: 25 g; carbohidratos: 4 g; fibra: 0 g; carbohidratos netos: 4 g; grasas 70 % / proteínas 26 % / carbohidratos 4 %

PECHUGAS DE POLLO RELLENAS

4 raciones / Tiempo de preparación: 30 minutos,
más 30 minutos de reposo / Tiempo de cocción: 30 minutos

Este plato podría, sin duda, ser el acompañamiento perfecto de un elaborado risotto en un sofisticado restaurante de lujo. El truco para que queden unas pechugas perfectas es hacer un corte no muy profundo, pero con espacio suficiente para que el relleno quede bien cerrado. Si no, se derrite en el horno y quedan las pechugas secas.

1 cucharada de mantequilla

¼ taza de cebolla dulce picada

½ taza de queso de cabra a
temperatura ambiente

¼ taza de aceitunas kalamata picadas

¼ taza de pimiento rojo asado
troceado

2 cucharadas de albahaca fresca
picada

4 pechugas de pollo, con piel, de
140 g

2 cucharadas de aceite de oliva
virgen extra

1. Precalienta el horno a 205 °C.
2. Funde la mantequilla en una sartén pequeña y añade la cebolla. Saltéala hasta que esté tierna, unos 3 minutos.
3. Pon la cebolla en un bol mediano y añade el queso, las aceitunas, el pimiento rojo y la albahaca. Remuévelo bien; luego enfríalo durante unos 30 minutos en la nevera.
4. Haz unos cortes horizontales en cada pechuga y rellénalos con la mezcla que has preparado. Cierra los dos lados del corte con unos palillos de dientes.
5. Echa el aceite de oliva en una cazuela para el horno a fuego medio-alto.
6. Dora las pechugas por los dos lados, unos 10 minutos en total.
7. Pon la cazuela en el horno y asa hasta que las pechugas estén bien cocidas, unos 15 minutos. Quita los palillos y sírvelas.

INGREDIENTES ALTERNATIVOS Si no encuentras albahaca fresca en tu tienda de comestibles, usa una pasta precocinada o albahaca congelada. También puedes añadir una cucharada de pesto para agregar sabor.

POR RACIÓN Calorías: 389; grasas: 30 g; proteínas: 25 g; carbohidratos: 3 g; fibra: 0 g; carbohidratos netos: 3 g; grasas 70 % / proteínas 28 % / carbohidratos 2 %

POLLO CON COCO

CETODESCRIPCIÓN

SIN LÁCTEOS
SIN GLUTEN
SIN FRUTOS SECOS

4 raciones / Tiempo de preparación: 15 minutos /
Tiempo de cocción: 25 minutos

Uno de los principales ingredientes de esta receta es la cremosa leche de coco, un cetoingrediente muy popular. Puede resultar complicado escoger una variedad, porque hay muchos tipos, pero la mejor es la enlatada que lleva una capa de crema de coco encima. Cuando empieces la lata, puedes mezclar la crema con la leche o reservarla para usarla en otras recetas.

2 cucharadas de aceite de oliva

4 pechugas de pollo de 110 g cortadas en trozos de 5 cm

½ taza de cebolla dulce picada

1 taza de leche de coco

1 cucharada de curry en polvo

1 cucharadita de comino en polvo

1 cucharadita de cilantro molido

¼ taza de cilantro fresco picado

1. Pon el aceite de oliva en una cazuela grande a fuego medio-alto.
2. Saltea el pollo hasta que esté casi cocinado, unos 10 minutos.
3. Agrega la cebolla y sofríe 3 minutos más.
4. En un bol mediano, mezcla la leche de coco, el curry en polvo, el comino y el cilantro.
5. Vierte la salsa en la cazuela y llévala a ebullición junto con el pollo.
6. Reduce el fuego y cocina el estofado a fuego lento hasta que el pollo esté tierno y la salsa se haya espesado, unos 10 minutos.
7. Sirve el pollo con la salsa y cubierto con cilantro

POR RACIÓN Calorías: 382; grasas: 31 g; proteínas: 23 g; carbohidratos: 5 g; fibra: 1 g; carbohidratos netos: 4 g; grasas 70 % / proteínas 26 % / carbohidratos 4 %

PASTEL DE CARNE DE PAVO

6 raciones / Tiempo de preparación: 10 minutos /
Tiempo de cocción: 35 minutos

Preparar un buen pastel de carne es un arte. Es además uno de los platos estrella de muchos cocineros caseros y un ejemplo perfecto de plato reconfortante. Para que quede tierno y sabroso, hay que añadir la proporción perfecta de carne, grasas, verduras y especias. Lo mejor del pastel de carne es que se congela maravillosamente, así que puedes hacer el doble de lo que vas a comer y guardar el resto para tomar una comida rápida en otro momento.

1 cucharada de aceite de oliva
½ cebolla dulce picada
675 g de carne de pavo picada
⅓ taza de nata para montar rica en grasa

¼ taza de parmesano recién rallado
1 cucharada de perejil fresco picado
1 pizca de sal marina
1 pizca de pimienta negra recién molida

1. Calienta el horno a 230 ºC.
2. Pon el aceite de oliva en una sartén pequeña a fuego medio.
3. Saltea la cebolla hasta que esté tierna, unos 4 minutos.
4. Echa la cebolla en un tazón grande y añade el pavo, la nata, el parmesano, el perejil, la sal y la pimienta.
5. Remuévelo bien. Presiona la mezcla en un molde de pastel.
6. Hornéalo hasta que esté bien cocido, unos 30 minutos.
7. Deja reposar el pastel de carne durante 10 minutos.

POR RACIÓN Calorías: 216; grasas: 19 g; proteínas: 15 g; carbohidratos: 1 g; fibra: 0 g; carbohidratos netos: 1 g; grasas 69 % / proteínas 29 % / carbohidratos 2 %

CROQUETAS DE PAVO

4 raciones / Tiempo de preparación: 10 minutos /
Tiempo de cocción: 25 minutos

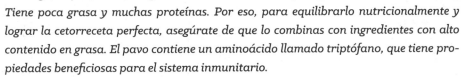

CETODESCRIPCIÓN

SIN LÁCTEOS
SIN GLUTEN

El pollo es, a menudo, el ave de corral favorita de muchas cocinas; sin embargo, el pavo tiene un gusto excelente, es barato y muy saludable. Tiene poca grasa y muchas proteínas. Por eso, para equilibrarlo nutricionalmente y lograr la cetorreceta perfecta, asegúrate de que lo combinas con ingredientes con alto contenido en grasa. El pavo contiene un aminoácido llamado triptófano, que tiene propiedades beneficiosas para el sistema inmunitario.

450 g de carne de pavo picada
1 cebolleta, las partes verde y blanca
   picadas finas
1 cucharadita de ajo picado
1 pizca de sal marina

1 pizca de pimienta negra recién
   molida
1 taza de almendras molidas
2 cucharadas de aceite de oliva

1. Precalienta el horno a 175 °C. Forra una bandeja para hornear con papel de aluminio y resérvala.
2. En un bol mediano mezcla bien el pavo, la cebolleta, el ajo, la sal y la pimienta.
3. Haz 8 bolas con la mezcla.
4. Coloca las almendras molidas en un tazón poco hondo y reboza las bolas de carne en ella hasta que queden bien cubiertas.
5. Agrega el aceite de oliva a una sartén grande a fuego medio.
6. Dora las croquetas por los dos lados, unos 10 minutos en total.
7. Ponlas en la bandeja y hornéalas hasta que estén bien hechas, dándoles la vuelta una vez, unos 15 minutos en total.

CONSEJO DE PREPARACIÓN Prepara la receta entera de principio a fin y luego guarda las croquetas, después de dejar que se enfríen, en bolsas de plástico selladas. Consérvalas la nevera hasta 3 días o en el congelador hasta 1 mes. Para prepararlas, sácalas del congelador y deja que se descongelen. Pueden servir para una cena rápida o un tentempié. También puedes sacarlas de la nevera y recalentarlas.

POR RACIÓN Calorías: 440; grasas: 34 g; proteínas: 27 g; carbohidratos: 7 g; fibra: 4 g; carbohidratos netos: 3 g; grasas 70 % / proteínas 25 % / carbohidratos 5 %

CAPÍTULO 6

CARNES

CHULETAS DE CERDO RELLENAS DE FRUTOS SECOS

4 raciones / Tiempo de preparación: 20 minutos / Tiempo de cocción: 30 minutos

El cerdo es una carne saludable, que nutricionalmente se encuentra a medio camino entre las carnes rojas y las de ave. Por eso a menudo se le llama la otra carne blanca. Tiene un alto contenido en proteínas y vitamina D, y bajo en grasas saturadas. Para alcanzar los requerimientos nutricionales de macronutrientes de la dieta cetogénica tendrás que combinarlo con ingredientes que contengan grasas, como los frutos secos y el queso de cabra que se usan en esta receta.

85 g de queso de cabra
½ taza de nueces picadas
¼ taza de almendras tostadas picadas
1 cucharadita de tomillo fresco picado
2 cucharadas de aceite de oliva

4 chuletas de cerdo, del corte central, cortado en mariposa
Sal marina
Pimienta negra recién molida

1. Precalienta el horno a 200 °C.
2. Prepara el relleno en un bol pequeño mezclando bien el queso de cabra, las nueces, las almendras y el tomillo.
3. Condimenta las chuletas con sal y pimienta por dentro y por fuera. Rellena cada chuleta, empujando el relleno hacia el fondo de la zona cortada. Cierra el relleno con palillos de dientes.
4. Echa el aceite de oliva en una sartén grande a fuego medio-alto. Haz las chuletas a fuego lento hasta que estén doradas por los dos lados, unos 10 minutos en total.
5. Ponlas en una bandeja de horno y ásalas en él hasta que estén bien hechas, unos 20 minutos.
6. Retira los palillos y sírvelas.

POR RACIÓN Calorías: 481; grasas: 38 g; proteínas: 29 g; carbohidratos: 5 g; fibra: 3 g; carbohidratos netos: 2 g; grasas 70 % / proteínas 25 % / carbohidratos 5 %

LOMO DE CERDO ASADO CON SALSA DE MOSTAZA ANTIGUA

8 raciones / Tiempo de preparación: 10 minutos / Tiempo de cocción: 70 minutos

Esta es una salsa riquísima. Te recomiendo doblar los ingredientes para que te sobre y poder tomarla otro día a cucharadas como tentempié, porque es una verdadera delicia. También está riquísima con solomillo de ternera a la barbacoa o con un costillar de cordero asado.

900 g de lomo de cerdo asado
Sal marina
Pimienta negra recién molida
3 cucharadas de aceite de oliva

1 ½ tazas de nata para montar rica en grasa
3 cucharadas de mostaza antigua, como la Pommery

1. Precalienta el horno a 190 °C.
2. Sazona el cerdo asado con sal marina y pimienta.
3. Echa aceite de oliva en una sartén grande a fuego medio-alto.
4. Dora la carne en la sartén por todos los lados, unos 6 minutos en total, y luego colócala en una bandeja para hornear.
5. Ásala hasta que un termómetro de carne insertado en la parte más gruesa de la carne indique 70 °C, aproximadamente 1 hora.
6. Cuando queden unos 15 minutos para que termine de asarse, pon una cazuela pequeña a fuego medio y echa la nata y la mostaza.
7. Remueve la salsa hasta que hierva; luego baja el fuego. Cocina la salsa a fuego lento hasta que esté muy cremosa y espesa, unos 5 minutos. Retira la cacerola del fuego y resérvala.
8. Deja reposar el cerdo durante 10 minutos antes de cortarlo y servirlo con la salsa.

PARA SABER MÁS Busca la mostaza de la marca Pommery. Es un poco dulce y añade una nota de sabor a esta sofisticada salsa.

POR RACIÓN Calorías: 368; grasas: 29 g; proteínas: 25 g; carbohidratos: 2 g; fibra: 0 g; carbohidratos netos: 2 g; grasas 70 % / proteínas 25 % / carbohidratos 5 %

CHULETAS DE CORDERO CON TAPENADE DE ACEITUNAS DE KALAMATA

4 raciones / Tiempo de preparación: 15 minutos / Tiempo de cocción: 25 minutos

Los costillares de cordero son el paradigma de una cena refinada, cocinados en su punto y emplatados con los elegantes huesos apuntando al techo. Prepararlos a la francesa (retirando la carne de los huesos superiores hasta dejarlos limpios) no es difícil pero sí muy entretenido si no lo has hecho antes. Si compras los costillares en la carnicería, siempre puedes pedir que te lo hagan, y ahorrarte así un valioso tiempo de trabajo en la cocina.

PARA LA TAPENADE

1 taza de aceitunas de Kalamata deshuesadas
2 cucharadas de perejil fresco picado
2 cucharadas de aceite de oliva virgen extra
2 cucharaditas de ajo picado
2 cucharaditas de zumo de limón recién exprimido

PARA LAS CHULETAS DE CORDERO

2 costillares de cordero (450 g) cortados al estilo francés (8 huesos cada uno)
Sal marina
Pimienta negra recién molida
1 cucharada de aceite de oliva

PREPARAR LA TAPENADE

1. Pon las aceitunas, el perejil, el aceite de oliva, el ajo y el zumo de limón en un procesador de alimentos y procésalos hasta que la mezcla quede triturada pero aún mantenga algunos trocitos.
2. Coloca la tapenade en un recipiente y guárdala tapada en la nevera hasta que vayas a usarla.

PREPARAR LAS CHULETAS

1. Precalienta el horno a 230 ºC.
2. Condimenta los costillares con sal y pimienta.

3. Pon aceite de oliva en una sartén apta para horno a fuego medio-alto y añade el aceite de oliva.

4. Tuesta los costillares por todos los lados hasta que queden dorados, en total unos 5 minutos.

5. Coloca los costillares hacia arriba en la sartén con los huesos entrelazados y ásalos en el horno hasta obtener el punto que te guste, unos 20 minutos si los quieres al punto o hasta que la temperatura interna alcance los 50 ºC.

6. Deja reposar el cordero durante 10 minutos y luego corta los costillares en chuletillas. Emplata 4 chuletillas por persona y cúbrelas con la tapenade de Kalamata.

INGREDIENTES ALTERNATIVOS Las aceitunas de Kalamata proceden de Grecia y son de un espléndido color negro tirando a púrpura. Considera otros tipos de aceitunas poco frecuentes para preparar esta receta, e intenta evitar las negras enlatadas, que a menudo son aceitunas procesadas sin madurar.

POR RACIÓN Calorías: 348; grasas: 28 g; proteínas: 21 g; carbohidratos: 2 g; fibra: 1 g; carbohidratos netos: 1 g; grasas 72 % / proteínas 25 % / carbohidratos 3 %

COSTILLAS DE CORDERO CON AJO Y ROMERO

4 raciones / Tiempo de preparación: 10 minutos, más 1 hora para marinar / Tiempo de cocción: 25 minutos

El cordero es una de las carnes más populares en Estados Unidos, y también se consume en muchos otros países como alimento básico. El recental* es la mejor opción. Puedes encontrar cordero fresco y congelado todo el año en la mayoría de las tiendas de alimentación. Si vas a usar carne de cordero congelada, tiene que estar completamente descongelada antes de agregar los costillares a la marinada.

4 cucharadas de aceite de oliva virgen extra

2 cucharadas de romero fresco picado fino

2 cucharaditas de ajo picado

1 pizca de sal marina

2 costillares de cordero (450 g) cortadas al estilo francés (8 huesos cada uno)

1. Mezcla el aceite de oliva, el romero, el ajo y la sal en un bol pequeño.
2. Pon los costillares en una bolsa para congelar con autocierre y vierte dentro la mezcla de aceite de oliva. Masajea la carne a través de la bolsa para que quede bien cubierta con el adobo. Extrae el aire de la bolsa y ciérrala.
3. Deja que el cordero se marine en la nevera de 1 a 2 horas.
4. Precalienta el horno a 230 °C.
5. Saca el cordero de la bolsa y ponlo en una sartén grande a fuego medio-alto. Cocínalo por todos lados, unos 5 minutos en total.
6. Coloca los costillares hacia arriba en la sartén con los huesos entrelazados y ásalos en el horno hasta el punto que te guste, unos 20 minutos si te gusta medio hecho o hasta que la temperatura interna alcance los 50 °C.
7. Deja reposar el cordero 10 minutos y luego corta los costillares en chuletillas.
8. Sirve 4 chuletillas por persona.

POR RACIÓN Calorías: 354; grasas: 30 g; proteínas: 21 g; carbohidratos: 0 g; fibra: 0 g; carbohidratos netos: 0 g; grasas 70 % / proteínas 30 % / carbohidratos 0 %

---

* El recental o ternasco es el tipo de cordero más consumido en nuestro país. Son ejemplares de entre dos y cuatro meses de edad, alimentados a base de leche materna y de pasto, con una carne rosada, tierna y con poca grasa. *(N. del T.)*

PIERNA DE CORDERO CON PESTO DE TOMATES SECADOS AL SOL

8 raciones / Tiempo de preparación: 15 minutos / Tiempo de cocción: 70 minutos

Los tomates secados al sol, sobre todo los que vienen en aceite de oliva con condimentos, aportan una intensa nota de sabor y son perfectos para las salsas de pesto. El proceso de secado elimina el agua de los tomates a la vez que conserva la mayoría de los nutrientes (son una excelente fuente de hierro, vitamina K y proteínas) y potencia su sabor dulce.

PARA EL PESTO
1 taza de tomates secados al sol en aceite
¼ taza de piñones
2 cucharadas de aceite de oliva virgen extra
2 cucharadas de albahaca picada
2 cucharaditas de ajo picado

PARA LA PIERNA DE CORDERO
1 pierna de cordero (900 g)
Sal marina
Pimienta negra recién molida
2 cucharadas de aceite de oliva

PREPARAR EL PESTO

1. En un procesador de cocina, procesa los tomates secados al sol, los piñones, el aceite de oliva, la albahaca y el ajo hasta que obtengas una pasta fina.
2. Resérvala hasta que la necesites.

PREPARAR LA PIERNA DE CORDERO

1. Precalienta el horno a 200 ºC.
2. Sazona la pierna de cordero con sal y pimienta.
3. Pon el aceite de oliva en una sartén grande a fuego medio.
4. Saltea el cordero por todos los lados hasta que esté bien dorado, unos 6 minutos.
5. Extiende el pesto de tomate por el cordero y colócalo en una bandeja para hornear. Ásalo a tu gusto, aproximadamente 1 hora si te gusta al punto.
6. Deja reposar el cordero 10 minutos antes de cortarlo.

POR RACIÓN Calorías: 352; grasas: 29 g; proteínas: 17 g; carbohidratos: 5 g; fibra: 2 g; carbohidratos netos: 3 g; grasas 74 % / proteínas 20 % / carbohidratos 6 %

SOLOMILLO CON MANTEQUILLA AROMATIZADA CON QUESO AZUL

4 raciones / Tiempo de preparación: 10 minutos, más 1 hora para enfriar / Tiempo de cocción: 12 minutos

La mantequilla aromatizada es mantequilla mezclada con otros ingredientes como hierbas o queso. Es una forma rápida y sencilla de aportar un sabor intenso a tus recetas. El calor de las carnes cocinadas, como el de las aves de corral, o de los vegetales, derrite la mantequilla, que se convierte en una salsa riquísima sin más esfuerzo que cortar un trozo del rulo de mantequilla preparada. Este tipo de mantequilla se conserva en el congelador hasta un máximo de 1 mes si la envuelves bien.

6 cucharadas de mantequilla a temperatura ambiente
110 g de queso azul como el stilton o el roquefort

4 solomillos de 140 g
1 cucharada de aceite de oliva
Sal marina
Pimienta negra recién molida

1. En una batidora, procesa la mantequilla hasta que quede montada, unos 2 minutos.
2. Incorpora el queso y sigue batiendo hasta que esté bien mezclado.
3. Coloca esta mezcla sobre un papel film y enróllala formando un rulo de unos 4 cm de diámetro, girando los extremos de la envoltura de plástico en direcciones opuestas.
4. Enfría la mantequilla hasta que se solidifique, aproximadamente 1 hora.
5. Corta la mantequilla en discos de algo más de 1 cm de ancho y guárdalos en un plato en la nevera hasta que los filetes estén listos para servir. Guarda la mantequilla sobrante en la nevera hasta 1 semana.

6. Precalienta la barbacoa a fuego medio-alto.

7. Deja reposar los filetes hasta que estén a temperatura ambiente.

8. Frota los filetes con el aceite de oliva y condiméntalos con sal y pimienta.

9. Haz los filetes en la barbacoa hasta el punto que quieras, aproximadamente 6 minutos por cada lado para conseguir un término medio.

10. Si no tienes barbacoa, asa los filetes en el horno precalentado y déjalos 7 minutos por cada lado para conseguir un término medio.

11. Deja reposar los filetes durante 10 minutos y sírvelos con un disco de la mantequilla compuesta.

POR RACIÓN Calorías: 544; grasas: 44 g; proteínas: 35 g; carbohidratos: 0 g; fibra: 0 g; carbohidratos netos: 0 g; grasas 72 % / proteínas 28 % / carbohidratos 0 %

CETODESCRIPCIÓN

SIN LÁCTEOS
SIN GLUTEN
SIN FRUTOS SECOS

ASADO DE TIRA GUISADO CON AJO

4 raciones / Tiempo de preparación: 10 minutos /
Tiempo de cocción: 2 horas, 20 minutos

El ajo impregna las costillas con un sabor sofisticado y contiene además una buena cantidad de importantes nutrientes: unos 70 fitoquímicos, además de calcio, selenio y manganeso. El ajo se ha utilizado durante siglos como ingrediente medicinal por sus propiedades *detox* y para bajar la presión arterial. Si lo tomas de forma habitual, parece que incluso reduces el riesgo de contraer el fastidioso resfriado común.

4 tiras de ternera de 110 g
Sal marina
Pimienta negra recién molida
1 cucharada de aceite de oliva

2 cucharaditas de ajo picado
½ taza de vino tinto seco
3 tazas de Caldo suculento de ternera
  (página 140)

1. Precalienta el horno a 160 °C.
2. Añade sal y pimienta a las costillas por todos lados.
3. Pon el aceite de oliva en una sartén para el horno a fuego medio-alto.
4. Saltea las costillas por todos lados hasta que estén doradas, unos 6 minutos en total. Ponlas en un plato.
5. Agrega el ajo a la sartén y saltéalo hasta que esté translúcido, unos 3 minutos.
6. Añade el vino tinto para hacer una salsa con lo que quede en la sartén. Asegúrate de rebañar los trocitos de carne de la sartén. Deja hervir el vino a fuego lento hasta que se reduzca un poco, unos 2 minutos.
7. Incorpora a la sartén el caldo de carne, las costillas y los jugos de cocción, y lleva el líquido a ebullición.
8. Tapa la sartén y colócala en el horno para guisar las costillas hasta que la carne se desprenda de los huesos, aproximadamente 2 horas.
9. Sirve las costillas con una cucharada del líquido de cocción sobre cada ración.

POR RACIÓN Calorías: 481; grasas: 38 g; proteínas: 29 g; carbohidratos: 5 g; fibra: 3 g; carbohidratos netos: 2 g; grasas 70 % / proteínas 25 % / carbohidratos 5 %

SOLOMILLO DE TERNERA ENVUELTO EN BEICON

4 raciones / Tiempo de preparación: 10 minutos /
Tiempo de cocción: 15 minutos

Este es el regreso de un plato popular en los ochenta, una época en la que muchos ingredientes se envolvían en beicon a pesar de la mala prensa de las grasas. Casi todos los restaurantes ofrecían esta combinación porque el beicon sabroso y saladito combina maravillosamente bien con el solomillo. Si quieres una mayor cantidad de ácidos grasos omega-3 y vitamina E en tu ternera, compra carne de ganadería ecológica alimentada con pasto.

4 solomillos de ternera de 110 g
Sal marina
Pimienta negra recién molida

8 tiras de beicon
1 cucharada de aceite de oliva
virgen extra

1. Precalienta el horno a 230 °C.
2. Sazona el solomillo con sal y pimienta.
3. Envuelve cada filete de solomillo ciñéndolo por los bordes junto con 2 rebanadas de beicon y fija el beicon con palillos de dientes.
4. Pon el aceite de oliva en una sartén grande a fuego medio-alto.
5. Saltea los filetes durante 4 minutos por lado y luego ponlos en una bandeja para hornear.
6. Ásalos en el horno hasta el punto deseado, unos 6 minutos para conseguir un término medio.
7. Retira los solomillos del horno y déjalos reposar durante 10 minutos.
8. Quita los palillos de dientes y sirve.

PARA SABER MÁS El beicon está mal considerado por muchos nutricionistas, porque puede tener un contenido muy alto en conservantes y sodio, según la marca y la forma en que se haya procesado. Compra beicon ecológico sin aditivos, si puede ser en una carnicería de confianza.

POR RACIÓN Calorías: 565; grasas: 49 g; proteínas: 28 g; carbohidratos: 0 g; fibra: 0 g; carbohidratos netos: 0 g; grasas 78 % / proteínas 22 % / carbohidratos 0 %

CAZUELA DE HAMBURGUESA CON QUESO

6 raciones / Tiempo de preparación: 10 minutos /
Tiempo de cocción: 40 minutos

Las cazuelas son el mejor ejemplo de comida reconfortante. Es fácil prepararlas, por lo que resultan atractivas para cualquiera con poco tiempo para cocinar. El sabor de este plato te recordará a las chisporroteantes hamburguesas de ternera con queso recién salidas de la barbacoa en una agradable cena de verano. Si te quedan sobras, puedes tomarlas al día siguiente o conservarlas congeladas hasta 2 semanas.

450 g de carne de ternera, 75 % magra, picada
½ taza de cebolla dulce picada
2 cucharaditas de ajo picado
1 ½ tazas de queso cheddar añejo rallado, reservando un poco
1 tomate grande troceado

½ taza de nata para montar rica en grasa
1 cucharadita de albahaca fresca picada
¼ cucharadita de sal marina
⅛ cucharadita de pimienta negra recién molida

1. Precalienta el horno a 175 ºC.
2. Pon la carne picada en una sartén grande a fuego medio-alto.
3. Saltea la ternera hasta que esté hecha, unos 6 minutos, y retira cualquier exceso de grasa.
4. Agrega la cebolla y el ajo. Cocínalos hasta que estén tiernos, unos 4 minutos.
5. Pon los vegetales y la carne en una cazuela de 20 cm de diámetro.
6. En un bol mediano, mezcla bien 1 taza de queso rallado y la nata, el tomate, la albahaca, la sal y la pimienta.
7. Vierte esta mezcla sobre la carne junto con el resto del queso rallado.
8. Hornea la mezcla hasta que la cazuela esté burbujeante y el queso se funda y se dore ligeramente, unos 30 minutos.
9. Sírvelo.

POR RACIÓN Calorías: 410; grasas: 33 g; proteínas: 20 g; carbohidratos: 3 g; fibra: 0 g; carbohidratos netos: 3 g; grasas 75 % / proteínas 22 % / carbohidratos 3 %

HAMBURGUESAS DE TERNERA A LA ITALIANA

4 raciones / Tiempo de preparación: 10 minutos / Tiempo de cocción: 12 minutos

A veces es más divertido pensar en qué ingredientes usarás para acompañar una hamburguesa que prepararla. Puedes añadir cualquier cosa que se te ocurra, desde beicon, aguacate, mayonesa casera o simples rodajas de tomate, hasta, si te apetece, todo lo anterior y más. Los tomates son una opción maravillosa por su alto contenido en vitaminas A, C, y K, además de que llevan un fitonutriente llamado licopeno, que puede ayudar a prevenir algunos tipos de cáncer y contribuir a la salud del sistema cardiovascular.

450 g de carne de ternera, 75 % magra, picada

¼ taza de almendras molidas

2 cucharadas de albahaca fresca picada

1 cucharadita de ajo picado

¼ cucharadita de sal marina

1 cucharada de aceite de oliva

1 tomate cortado en 4 rodajas gruesas

¼ cebolla dulce en aros finos

1. En un tazón mediano, mezcla bien la carne picada, las almendras, la albahaca, el ajo y la sal.
2. Divide la mezcla de carne en cuatro partes iguales y aplánalas, dándoles forma de hamburguesa, con unos 2,5 cm de grosor.
3. Pon el aceite de oliva en una sartén grande a fuego medio-alto.
4. Saltea las hamburguesas hasta que estén hechas, volteándolas una vez, unos 12 minutos en total.
5. Déjalas sobre papel de cocina, para que suelten el exceso de grasa, y luego emplátalas con una rodaja de tomate y con cebolla.

INGREDIENTES ALTERNATIVOS La carne de cordero picada es una opción perfecta si no quieres utilizar ternera. Solo tienes que escoger una pieza de carne que no sea demasiado magra. Lo ideal es que sea un 70 % magra, o menos, para que el aporte de macronutrientes grasos no sea demasiado bajo.

POR RACIÓN Calorías: 441; grasas: 37 g; proteínas: 22 g; carbohidratos: 4 g; fibra: 1 g; carbohidratos netos: 3 g; grasas 76 % / proteínas 21 % / carbohidratos 3 %

CAPÍTULO 7

VERDURAS Y GUARNICIONES

PIZZA DE CHAMPIÑONES PORTOBELLO

4 raciones / Tiempo de preparación: 15 minutos / Tiempo de cocción: 5 minutos

¿Qué sería la pizza sin la consistencia chiclosa de la mozzarella? Esta variedad de queso se prepara siguiendo un método que consiste en recalentar la masa del queso dentro del suero hasta que se hila (pasta filata, «hilada» en español). La mozzarella es una buena opción para una dieta cetogénica. Tiene un contenido elevado en grasas (65 %), un 32 % de proteínas, aproximadamente, y solo un 3 % de carbohidratos.

4 champiñones portobello sin tallos
½ taza de aceite de oliva
1 tomate mediano cortado en 4
  rodajas

1 cucharadita de ajo picado
2 cucharaditas de albahaca fresca
  picada
1 taza de mozzarella rallada

1. Precalienta la parrilla del horno. Forra una bandeja de hornear con papel de aluminio y resérvala.
2. En un bol pequeño, mezcla los sombreros de los champiñones con el aceite de oliva hasta que estén bien cubiertos. Con las yemas de los dedos, frota el aceite sobre los sombreros sin romperlos.
3. Coloca los sombreros de los champiñones hacia abajo en la bandeja de hornear y ásalos hasta que la parte superior esté tierna, unos 2 minutos.
4. Da la vuelta a los champiñones y ásalos 1 minuto más.
5. Saca la bandeja del horno y esparce ajo picado sobre cada champiñón, luego cubre cada uno con una rodaja de tomate, espolvoréalos con la albahaca y añade el queso por encima.
6. Asa los champiñones hasta que el queso se funda y burbujee, más o menos 1 minuto.
7. Sírvelos.

COMBINA BIEN CON Estas pizzas tienen mucho sabor, así que para acompañarlas necesitarás un plato consistente. Algunas opciones excelentes son el Solomillo de ternera envuelto en beicon (página 103) o el Solomillo con mantequilla aromatizada con queso azul (página 100). Este plato jugoso también sirve de delicioso tentempié.

POR RACIÓN Calorías: 251; grasas: 20 g; proteínas: 14 g; carbohidratos: 7 g; fibra: 3 g; carbohidratos netos: 4 g; grasas 71 % / proteínas 19 % / carbohidratos 10 %

JUDÍAS VERDES AL AROMA DE AJO

CETODESCRIPCIÓN

SIN GLUTEN
SIN FRUTOS SECOS
VEGETARIANA
MENOS DE 30 MINUTOS

4 raciones / Tiempo de preparación: 10 minutos /
Tiempo de cocción: 10 minutos

El chisporroteo de las judías verdes con un buen añadido de ajo, ligeramente caramelizadas, es una tormenta culinaria perfecta de textura, color y sabor. Es posible que te descubras preparándolas para comerlas como aperitivo en lugar de como guarnición. Las judías amarillas, o una combinación de los dos colores, también son opciones deliciosas si quieres variar los ingredientes.

450 g de guisantes sin vainas
2 cucharadas de aceite de oliva
1 cucharadita de ajo picado

Sal marina
Pimienta negra recién molida
¼ taza de parmesano recién rallado

1. Precalienta el horno a 220 ºC. Forra una bandeja para hornear con papel de aluminio y resérvala.
2. En un bol grande, mezcla bien las judías, el aceite de oliva y el ajo.
3. Sazónalas con un poco de sal y pimienta.
4. Reparte las judías en la bandeja y ásalas hasta que estén tiernas y un poco doradas, removiéndolas una vez, unos 10 minutos.
5. Sírvelas cubiertas con el parmesano.

COMBINA BIEN CON Combínalas con entrantes rápidos para no dedicar más de 30 minutos a cocinar. Prepara una deliciosa comida en poco tiempo combinándolas con las Vieiras a las hierbas con mantequilla (página 77) o con el Halibut salteado con salsa cítrica de mantequilla (página 78).

POR RACIÓN Calorías: 104; grasas: 9 g; proteínas: 4 g; carbohidratos: 2 g; fibra: 1 g; carbohidratos netos: 1 g; grasas 77 % / proteínas 15 % / carbohidratos 8 %

ESPÁRRAGOS SALTEADOS CON NUECES

4 raciones / Tiempo de preparación: 10 minutos /
Tiempo de cocción: 5 minutos

Si eres un amante de la buena comida, seguramente esperas con ganas la primavera y los elegantes tallos de los espárragos que llegan con ella. Este vegetal es una buena elección para quien sigue una cetodieta, aunque contenga carbohidratos, porque también lleva una cantidad muy elevada de fibra, lo que implica una cifra baja de carbohidratos netos. Están cargados de antioxidantes y antiinflamatorios, así que son excelentes para la salud de los ojos, ayudan a combatir el cáncer y son muy beneficiosos para el corazón.

1 ½ cucharadas de aceite de oliva
340 g de espárragos con la parte
  leñosa de los tallos cortada

Sal marina
Pimienta recién molida
¼ taza de nueces picadas

1. Pon el aceite de oliva en una sartén grande a fuego medio-alto.
2. Saltea los espárragos hasta que las puntas estén tiernas y un poco doradas, unos 5 minutos.
3. Sazona los espárragos con sal y pimienta.
4. Retira la sartén del fuego y mezcla los espárragos con las nueces.
5. Sírvelos.

COMBINA BIEN CON Casi todos los alimentos combinan bien con los espárragos, así que tienes múltiples opciones deliciosas de platos principales para servir con estos sabrosos vegetales. Algunas elecciones sabrosas son el Pollo al pimentón (página 87) y el Lomo de cerdo asado con salsa de mostaza antigua (página 95).

POR RACIÓN Calorías: 124; grasas: 12 g; proteínas: 3 g; carbohidratos: 4 g; fibra: 2 g; carbohidratos netos: 2 g; grasas 81 % / proteínas 9 % / carbohidratos 10 %

CAZUELA DE COLES DE BRUSELAS

CETODESCRIPCIÓN

SIN GLUTEN
SIN FRUTOS SECOS

8 raciones / Tiempo de preparación: 15 minutos / Tiempo de cocción: 30 minutos

Las coles de Bruselas suelen ser las grandes olvidadas en la sección de verduras del supermercado, porque cocinarlas parece difícil. Si las hierves mucho, el vapor tiene un olor muy desagradable, como a azufre. Pero realmente vale la pena pensar en consumir esta gran fuente de nutrientes, porque además de ser deliciosas, tienen numerosos beneficios para la salud. Las coles de Bruselas ayudan a combatir las enfermedades cardiovasculares y el cáncer, a reducir los niveles de colesterol, y además pueden mejorar la función tiroidea. Y de verdad, es fácil cocinarlas bien.

8 tiras de beicon
450 g de coles de Bruselas,
  escaldadas 10 minutos y cortadas
  en cuartos

1 taza de queso suizo rallado repartido
  en dos
¾ taza de nata rica en grasa para
  montar

1. Precalienta el horno a 200 °C.
2. Pon el beicon en una sartén a fuego medio-alto y fríelo hasta que quede crujiente, unos 6 minutos.
3. Reserva 1 cucharada de la grasa del beicon para engrasar la cazuela y corta el beicon frito.
4. Engrasa una cazuela con un poco de grasa de beicon y resérvala.
5. En un bol mediano, mezcla las coles de Bruselas con el beicon y ½ taza de queso y ponlo todo en la cazuela.
6. Vierte la nata sobre las coles de Bruselas y espolvorea por encima el resto del queso.
7. Hornea la cazuela hasta que el queso se derrita y las verduras se doren ligeramente y se calienten por dentro, unos 20 minutos.
8. Sírvelas.

COMBINA BIEN CON A este plato consistente le conviene un entrante sencillo, para que no nos deje demasiado saciados. Algunas opciones son las Hamburguesas de ternera a la italiana (página 105) o las Costillas de cordero con ajo y romero (página 98).

POR RACIÓN Calorías: 299; grasas: 11 g; proteínas: 12 g; carbohidratos: 7 g; fibra: 3 g; carbohidratos netos: 4 g; grasas 77 % / proteínas 15 % / carbohidratos 8 %

ESPINACAS CREMOSAS

CETODESCRIPCIÓN

SIN GLUTEN
SIN FRUTOS SECOS

4 raciones / Tiempo de preparación: 10 minutos /
Tiempo de cocción: 30 minutos

Las verduras con nata, y en concreto las espinacas, se toman desde hace decenas de miles de años, aunque solo hace algunos que la salsa se prepara con yogur en lugar de con nata. Esta es una receta reconfortante y perfecta para esas ocasiones en que te invitan a cenas o comidas con mucha gente y tienes que llevar algún plato. Si quieres reducir algunas calorías, cambia la nata rica en grasa por leche evaporada, pero ten en cuenta que también cambia el aporte de macronutrientes para tu dieta cetogénica.

1 cucharada de mantequilla
½ cebolla dulce cortada en rodajas finas
4 tazas de espinacas, sin tallos y muy bien lavadas
¾ taza de nata rica en grasa para montar

¼ taza de Caldo de pollo con hierbas (página 143)
1 pizca de sal marina
1 pizca de pimienta negra recién molida
1 pizca de nuez moscada molida

1. Pon la mantequilla en una sartén grande a fuego medio.
2. Saltea la cebolla hasta que quede un poco caramelizada, unos 5 minutos.
3. Añade las espinacas, la nata, el caldo de pollo, la sal, la pimienta y la nuez moscada.
4. Saltea la mezcla hasta que las espinacas se ablanden, unos 5 minutos.
5. Sigue cocinándolas hasta que estén tiernas y la salsa se espese, unos 15 minutos.
6. Sírvelas al momento.

COMBINA BIEN CON Si añades algo de color a tu comida o cena la sencillez de este plato aún destacará más. Prueba a combinarlo con el Salmón asado con salsa de aguacates (página 80), un poco de pizza o un plato más suave, como las Pechugas de pollo rellenas (página 88).

POR RACIÓN Calorías: 195; grasas: 20 g; proteínas: 3 g; carbohidratos: 3 g; fibra: 2 g; carbohidratos netos: 1 g; grasas 88 % / proteínas 6 % / carbohidratos 6 %

PURÉ DE COLIFLOR CON QUESO

4 raciones / Tiempo de preparación: 15 minutos / Tiempo de cocción: 5 minutos

CETODESCRIPCIÓN

SIN GLUTEN
SIN FRUTOS SECOS
VEGETARIANA
MENOS DE 30
MINUTOS

El puré de patatas es uno de los platos que tal vez eches de menos cuando empieces tu dieta cetogénica, pero anímate, porque esta versión baja en carbohidratos se parece a su esponjosa versión original. El queso, la nata y la mantequilla aportan al puré de coliflor mucho sabor y una calidad cremosa, y crean una base maravillosa para otras variaciones. Prueba a añadir ajo asado triturado a tu puré de coliflor y tendrás una guarnición verdaderamente sublime.

1 coliflor picada en trozos grandes
½ taza de queso cheddar rallado
¼ taza de nata para montar rica en grasa
2 cucharadas de mantequilla a temperatura ambiente
Sal marina
Pimienta negra recién molida

1. Coloca una olla grande llena de agua (¾ partes de su volumen) a fuego alto y llévala a ebullición.
2. Escalda la coliflor hasta que esté blanda, unos 5 minutos. Escúrrela.
3. Pon la coliflor en un procesador de alimentos y agrégale el queso, la nata y la mantequilla. Tritura la mezcla hasta que quede muy cremosa y batida.
4. Sazónala con sal y pimienta.
5. Sírvela.

COMBINA BIEN CON Los purés cremosos de verduras quedan de maravilla con un aderezo de alguna deliciosa salsa. Puedes encontrar dos de las mejores en el Asado de tira guisado con ajo (página 102) y en el Pollo con coco (página 89).

POR RACIÓN Calorías: 183; grasas: 15 g; proteínas: 8 g; carbohidratos: 6 g; fibra: 2 g; carbohidratos netos: 4 g; grasas 75 % / proteínas 14 % / carbohidratos 11 %

CALABACINES CRUJIENTES SALTEADOS

4 raciones / Tiempo de preparación: 15 minutos /
Tiempo de cocción: 10 minutos

Cualquiera que haya probado un sándwich de queso al grill o los bordes crujientes de una lasaña conoce el increíble sabor que tienen esos bocados crujientes con queso caliente. Para probar esa delicia dorada y crocante sobre calabacín solo tienes que seguir las instrucciones de esta receta. El truco es dejar que los ingredientes reposen en la sartén después de agregar el queso para que puedan derretirse y caramelizarse ligeramente antes de revolverlo todo.

2 cucharadas de mantequilla
4 calabacines cortados en rodajas
   de 0,5 cm

½ taza de parmesano recién rallado
Pimienta negra recién molida

1. Derrite la mantequilla en una sartén grande a fuego medio-alto.
2. Añade el calabacín y saltéalo hasta que quede tierno y ligeramente dorado, unos 5 minutos.
3. Reparte el calabacín uniformemente en la sartén y espolvorea el queso parmesano y la pimienta sobre las verduras.
4. Cocina la mezcla sin removerla hasta que el queso parmesano se derrita y esté crujiente en las partes donde toca la sartén, unos 5 minutos.
5. Sírvelo.

COMBINA BIEN CON Los pedacitos crujientes de queso quedan perfectos con las verduras ligeramente caramelizadas y son un complemento apetitoso con la mayoría de los entrantes. El Pollo al pimentón (página 87) o la Pierna de cordero con pesto de tomates secados al sol (página 99) quedan deliciosos con esta receta.

POR RACIÓN Calorías: 94; grasas: 8 g; proteínas: 4 g; carbohidratos: 1 g; fibra: 0 g; carbohidratos netos: 1 g; grasas 76 % / proteínas 20 % / carbohidratos 4 %

SETAS CON CAMEMBERT

4 raciones / Tiempo de preparación: 5 minutos /
Tiempo de cocción: 15 minutos

Las setas tienen una textura interesante, muy parecida a la de la carne, y tienden a absorber todos los aromas de la receta. Son muy ricas en vitamina D y el único vegetal que contiene este nutriente. Son además una excelente fuente de potasio y selenio. Las setas pueden ayudar a reducir las ganas de tomar alimentos dulces y ayudan a evitar picos de azúcar en la sangre que pueden hacer que comamos en exceso.

2 cucharadas de mantequilla

2 cucharaditas de ajo picado

450 g de champiñones blancos cortados por la mitad

110 g de queso camembert cortado en dados

Pimienta negra recién molida

1. Derrite la mantequilla en una sartén grande a fuego medio-alto.
2. Saltea el ajo hasta que quede translúcido, unos 3 minutos.
3. Sofríe los champiñones hasta que estén tiernos, unos 10 minutos más.
4. Agrega el queso y cocínalo hasta que se derrita, unos 2 minutos.
5. Sazona con pimienta y sirve.

COMBINA BIEN CON Un plato como este, con un toque de elegancia, merece acompañarse de un magnífico socio culinario. Las mejores opciones son las Chuletas de cerdo rellenas de frutos secos (página 94) y las Chuletas de cordero con tapenade de aceitunas de Kalamata (página 96).

POR RACIÓN Calorías: 161; grasas: 13 g; proteínas: 9 g; carbohidratos: 4 g; fibra: 1 g; carbohidratos netos: 3 g; grasas 70 % / proteínas 21 % / carbohidratos 9 %

FIDEOS DE CALABACÍN AL PESTO

4 raciones / Tiempo de preparación: 15 minutos

El pesto recomendado para esta deliciosa guarnición es la versión con kale que encontrarás en la página 135. El kale se promociona como superalimento por una buena razón: es muy rico en fibra, calcio y vitaminas A, C y K. Además ayuda a reducir el colesterol y reduce el riesgo de sufrir distintos tipos de cáncer. También fortalece el sistema inmunitario y desintoxica el cuerpo.

4 calabacines pequeños sin las puntas
¾ taza de Pesto de kale y hierbas (página 135)

¼ taza de queso parmesano rallado en tiras o en polvo

1. Utiliza un cortador espiral o un pelador para cortar el calabacín en «fideos» y colócalos en un bol mediano.
2. Añade el pesto y el queso parmesano y remuévelo para que se mezcle.
3. Sírvelo.

COMBINA BIEN CON Este es un plato ligero que se prepara en un momento y que es muy sabroso. Prueba a combinarlo con un entrante sencillo para complementar la frescura de los fideos de calabacín, como el Halibut salteado con salsa cítrica de mantequilla (página 78) o las Costillas de cordero con ajo y romero (página 98).

POR RACIÓN Calorías: 93; grasas: 8 g; proteínas: 4 g; carbohidratos: 2 g; fibra: 0 g; carbohidratos netos: 2 g; grasas 70 % / proteínas 15 % / carbohidratos 8 %

ROSTI GRATINADO

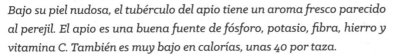

8 raciones / Tiempo de preparación: 15 minutos /
Tiempo de cocción: 15 minutos

CETODESCRIPCIÓN

SIN GLUTEN
SIN FRUTOS SECOS

Bajo su piel nudosa, el tubérculo del apio tiene un aroma fresco parecido al perejil. El apio es una buena fuente de fósforo, potasio, fibra, hierro y vitamina C. También es muy bajo en calorías, unas 40 por taza.

8 tiras de beicon cortado

1 taza de calabaza bellota rallada

1 taza de tubérculo de apio crudo
   rallado

2 cucharadas de parmesano rallado o
   en polvo

2 cucharaditas de ajo picado

1 cucharadita de tomillo fresco picado

Sal marina

Pimienta negra recién molida

2 cucharadas de mantequilla

1. Cocina el beicon en una sartén grande a fuego medio-alto hasta que quede crujiente, unos 5 minutos.
2. Mientras, en un bol grande mezcla la calabaza, el apio, el queso parmesano, el ajo y el tomillo. Sazona generosamente la mezcla con sal y pimienta. Resérvala.
3. Retira el beicon de la sartén con una espátula y añádelo a la mezcla de rosti, removiéndolo para mezclarlo.
4. Retira todo el aceite del beicon de la sartén menos 2 cucharadas y añade la mantequilla.
5. Baja el fuego a medio-bajo y pon la mezcla en la sartén, repartiéndola uniformemente para formar una gran empanada redonda de unos 2,5 cm de espesor.
6. Cocínala hasta que la base del rosti se dore y esté crujiente, unos 5 minutos.
7. Dale la vuelta y sigue cocinando el otro lado hasta que quede crujiente y bien cocido, unos 5 minutos más.
8. Retira la sartén del fuego y corta el rosti en 8 trozos.
9. Sírvelo.

COMBINA BIEN CON El rosti es un plato maravillosamente reconfortante. Sírvelo con el Pastel de carne de pavo (página 90) o la Pierna de cordero con pesto de tomates secados al sol (página 99).

POR RACIÓN Calorías: 171; grasas: 15 g; proteínas: 5 g; carbohidratos: 3 g; fibra: 0 g; carbohidratos netos: 3 g; grasas 81 % / proteínas 12 % / carbohidratos 7 %

CAPÍTULO 8

POSTRES

BOMBAS DE GRASA DE CALABAZA CON ESPECIAS

16 bombas / Tiempo de preparación: 10 minutos, más 1 hora para enfriarlo

La calabaza es un ingrediente natural ideal para preparar postres, que combina especialmente bien con los que llevan especias como la canela, el jengibre y el clavo. Esta mezcla se parece a la del pastel de calabaza que se toma por Halloween, Acción de Gracias y Navidad. Al igual que ocurre con las zanahorias, la carne color naranja vivo de la calabaza indica su contenido en betacaroteno, del que tiene unas cantidades importantes. También aporta buenas dosis de vitaminas A y C, así como potasio, lo que la convierte en un alimento perfecto para eliminar las toxinas del cuerpo y para ayudar a combatir el cáncer.

½ taza de mantequilla a temperatura ambiente

½ taza de queso crema a temperatura ambiente

⅓ taza de puré de calabaza

3 cucharadas de almendras picadas

4 gotas de stevia líquida

½ cucharadita de canela en polvo

¼ cucharadita de nuez moscada molida

1. Forra con papel vegetal un molde de 20 × 20 cm y resérvalo.
2. En un bol pequeño, bate la mantequilla y el queso crema hasta obtener una mezcla de textura fina.
3. Añade el puré de calabaza y remuévelo hasta que quede bien mezclado.
4. Agrega las almendras, la stevia, la canela y la nuez moscada.
5. Coloca la mezcla de calabaza en un molde. Usa una espátula o la parte posterior de una cuchara para repartir el puré uniformemente en el recipiente. Luego colócalo en el congelador durante aproximadamente 1 hora.
6. Corta el bloque en 16 piezas y guarda las bombas en un recipiente herméticamente cerrado en el congelador hasta que estén listas para servir.

POR RACIÓN (1 BOMBA) Calorías: 87; grasas: 9 g; proteínas: 1 g; carbohidratos: 1 g; fibra: 0 g; carbohidratos netos: 1 g; grasas 90 % / proteínas 5 % / carbohidratos 5 %

BOMBAS DE GRASA DE PLÁTANO CREMOSO

12 bombas / Tiempo de preparación: 10 minutos, más 1 hora para enfriar

Los postres con sabor a plátano son una sorprendente combinación de sabor exótico y alimento reconfortante, además de ser innegablemente deliciosos. Las bombas de grasa pueden ser dulces o saladas. Esta es dulce, pero si quieres que se parezca menos a un postre solo tienes que reducir la cantidad de edulcorante que le añadas. Estas bombas quedan deliciosas si las espolvoreas con coco rallado tostado.

1 ¼ tazas de queso crema a temperatura ambiente

1 cucharada de extracto de plátano

¾ taza de nata para montar rica en grasa

6 gotas de stevia líquida

1. Forra una hoja de hornear con papel vegetal y resérvala.
2. En un bol mediano, bate el queso crema, la nata, el extracto de plátano y la stevia hasta que quede una textura suave y muy espesa, unos 5 minutos.
3. Reparte la mezcla con cuidado sobre la bandeja de hornear en montoncitos, dejando un poco de espacio entre ellos. Pon la bandeja en la nevera hasta que las bombas tengan una consistencia firme, aproximadamente 1 hora.
4. Puedes conservarlas en un recipiente hermético en la nevera hasta 1 semana.

PARA SABER MÁS El extracto de plátano tiene alcohol, pero hay muy poca cantidad en cada bomba de grasa, por lo que no hay problema en tomarlas como golosinas. También puedes utilizar extracto de vainilla o de almendra.

POR RACIÓN Calorías: 134; grasas: 12 g; proteínas: 3 g; carbohidratos: 1 g; fibra: 0 g; carbohidratos netos: 1 g; grasas 88 % / proteínas 9 % / carbohidratos 3 %

CETODESCRIPCIÓN

SIN GLUTEN
SIN FRUTOS SECOS
VEGETARIANA

BOMBAS DE GRASA DE ARÁNDANO

12 raciones / Tiempo de preparación: 10 minutos, más 3 horas para enfriar

Estas bombas de grasa son de color azul claro, algo que puede resultar sorprendente, porque muy pocos alimentos son azules. Las bayas congeladas sin azúcar son una buena opción si no es temporada o no están disponibles. Solo tienes que dejar que se descongelen antes de usarlas. Si en donde vives crecen los arándanos silvestres, utilízalos, porque, aunque suelen ser más pequeños, tienen una cantidad mucho mayor de antioxidantes que los cultivados.

½ taza de aceite de coco a temperatura ambiente

½ taza de queso crema a temperatura ambiente

½ taza de arándanos triturados con un tenedor

6 gotas de stevia líquida

1 pizca de nuez moscada molida

1. Forra un molde para *minimuffins* con papel vegetal y resérvalo.
2. En un bol mediano, mezcla bien el aceite de coco y el queso crema.
3. Agrega los arándanos, la stevia y la nuez moscada, y revuélvelos hasta que estén bien mezclados.
4. Reparte la mezcla de arándanos en los huecos del molde y colócalo en el congelador hasta que se solidifique, aproximadamente 3 horas.
5. Guarda las bombas de grasa en un contenedor hermético y consérvalas en el congelador hasta el momento de comerlas.

POR RACIÓN Calorías: 115; grasas: 12 g; proteínas: 1 g; carbohidratos: 1 g; fibra: 0 g; carbohidratos netos: 1 g; grasas 94 % / proteínas 3 % / carbohidratos 3 %

BOMBAS DE GRASA DE CHOCOLATE ESPECIADO

CETODESCRIPCIÓN

SIN LÁCTEOS
SIN GLUTEN
VEGETARIANA

12 raciones / Tiempo de preparación: 10 minutos, más 15 minutos para enfriar / Tiempo de cocción: 4 minutos

En la dieta cetogénica se puede incluir cacao en polvo de buena calidad, así que no dejes de usarlo para preparar postres y meriendas. El chocolate negro, como el cacao, es muy rico en manganeso, magnesio, cobre, hierro y fibra, además de en antioxidantes, que combaten los radicales libres que produce el organismo. El chocolate negro ayuda a bajar la presión arterial, a reducir el colesterol y a mejorar las funciones cognitivas.

¾ taza de aceite de coco
¼ taza de cacao en polvo
¼ taza de mantequilla de almendras

⅛ cucharadita de chile en polvo
3 gotas de stevia líquida

1. Forra un molde para *minimuffins* con papel vegetal y resérvalo.
2. En una cazuela pequeña, hierve a fuego lento el aceite de coco, el cacao en polvo, la mantequilla de almendras, el chile en polvo y la stevia.
3. Calienta la mezcla hasta que el aceite de coco se derrita, luego remuévela para que quede bien mezclada.
4. Coloca la mezcla repartida en el molde y ponlo en la nevera hasta que las bombas se solidifiquen, unos 15 minutos.
5. Pon las bombas en un recipiente hermético y consérvalas en el congelador hasta el momento de servirlas.

POR RACIÓN (1 BOMBA) Calorías: 117; grasas: 12 g; proteínas: 2 g; carbohidratos: 2 g; fibra: 0 g; carbohidratos netos: 2 g; grasas 92% / proteínas 4% / carbohidratos 4%

CETODESCRIPCIÓN

SIN LÁCTEOS
SIN GLUTEN
SIN FRUTOS SECOS
VEGETARIANA

CAPRICHOS DE CHOCOLATE Y COCO

16 raciones / Tiempo de preparación: 10 minutos, más 30 minutos para enfriar / Tiempo de cocción: 3 minutos

La mezcla de chocolate y coco es una combinación deliciosa que se utiliza a menudo en las barritas de chocolate y en muchos otros postres. Si prefieres una presentación más elegante, sáltate el coco en el paso 3 y forma bolitas con la mezcla de chocolate medio endurecida en lugar de usar un molde. A continuación, reboza las bolas en el coco rallado y déjalas en el congelador para que acaben de endurecerse.

⅓ taza de aceite de coco
¼ taza de cacao en polvo sin edulcorante

4 gotas de stevia líquida
1 pizca de sal marina
¼ taza de coco rallado sin edulcorante

1. Forra con papel vegetal un molde de hornear de 15 × 15 cm y resérvalo.
2. En una cazuela pequeña, mezcla el aceite de coco, el cacao, la stevia y la sal, y hiérvelo durante unos 3 minutos a fuego lento.
3. Incorpora el coco y añade la mezcla al molde, presionándola.
4. Pon el molde en la nevera hasta que la mezcla se solidifique, unos 30 minutos.
5. Corta el bloque en 16 piezas y luego guarda los dulces en un recipiente hermético en un lugar fresco.

CONSEJO DE PREPARACIÓN Para un aspecto más elaborado, vierte la mezcla caliente en moldes de caramelo usando una cuchara. Pon los moldes en la nevera durante 30 minutos o hasta que se solidifiquen y luego guárdalos en un recipiente.

POR RACIÓN (1 DULCE) Calorías: 43; grasas: 5 g; proteínas: 1 g; carbohidratos: 1 g; fibra: 0 g; carbohidratos netos: 1 g; grasas 88 % / proteínas 6 % / carbohidratos 6 %

GANACHÉ DE MANTEQUILLA DE ALMENDRAS

CETODESCRIPCIÓN

SIN GLUTEN
VEGETARIANA

36 piezas / Tiempo de preparación: 10 minutos, más 2 horas para enfriar

El ganaché debe ser espeso y de textura fina, no granulada ni con grumos. Puedes reducir en gran medida las posibilidades de que la textura no sea la correcta utilizando stevia líquida en lugar de azúcar granulado. La mantequilla de almendras es una fuente excelente de proteínas, vitamina E, hierro, manganeso y fibra. Si no te gusta la mantequilla de almendras, la de cacahuetes o de anacardos también es deliciosa y los resultados también serán tentadores.

1 taza de aceite de coco a
   temperatura ambiente
¼ taza de nata para montar rica en
   grasa

1 taza de mantequilla de almendras
10 gotas de stevia líquida
1 pizca de sal marina

1. Forra con papel vegetal un molde de hornear de 15 × 15 cm y resérvalo.
2. En un bol mediano, mezcla bien el aceite de coco, la mantequilla de almendras, la nata, la stevia y la sal hasta que quede una textura muy fina.
3. Vierte la mezcla en el molde y aplana la parte superior con una espátula.
4. Coloca el molde en la nevera hasta que el dulce se solidifique, aproximadamente 2 horas.
5. Corta el bloque resultante en 36 piezas. Luego guarda el ganaché en un recipiente hermético en el congelador hasta 2 semanas.

POR RACIÓN (2 TROZOS DE GANACHÉ) Calorías: 204; grasas: 22 g; proteínas: 3 g; carbohidratos: 3 g; fibra: 1 g; carbohidratos netos: 2 g; grasas 90 % / proteínas 5 % / carbohidratos 5 %

GALLETAS MANTECADAS DE FRUTOS SECOS

18 galletas / Tiempo de preparación: 10 minutos más, 30 minutos para enfriar / Tiempo de cocción: 10 minutos

Los mantecados tradicionales tienen muy pocos ingredientes, son muy mantecosos, se desmigajan un poco y no son muy dulces. En esta versión, los frutos secos sustituyen a la harina, lo que aporta textura a la receta y le da un sabor complejo y agradable. Estas galletas se seguirán cociendo en la bandeja cuando las saques del horno, así que no olvides ponerlas rápidamente en una parrilla para evitar que queden demasiado hechas.

½ taza de mantequilla a temperatura ambiente, y un poco más para engrasar la bandeja de hornear

1 cucharadita de extracto de vainilla pura sin alcohol

½ taza de edulcorante granulado

1 ½ tazas de harina de almendras

½ taza de avellanas molidas

1 pizca de sal marina

1. Revuelve la mantequilla, el edulcorante y la vainilla en un bol mediano hasta que queden bien mezclados.
2. Agrega la harina de almendras, las avellanas molidas y la sal hasta que se forme una masa firme.
3. Enrolla la masa formando un cilindro de 5 cm y envuélvelo en papel film. Pon la masa en la nevera durante al menos 30 minutos, hasta que quede sólida.
4. Precalienta el horno a 175 ºC. Forra una bandeja de hornear con papel vegetal y úntalo con un poco de mantequilla. Resérvala.
5. Retira el papel film de la masa y córtala en 18 galletas. Colócalas en la bandeja.
6. Hornea las galletas hasta que adquieran una consistencia firme y se vean ligeramente doradas, unos 10 minutos.
7. Déjalas enfriar 5 minutos y luego ponlas sobre una parrilla para que se enfríen.

CONSEJO DE PREPARACIÓN Los frutos secos sin moler son más económicos y puedes molerlos con el procesador de alimentos. Ten la precaución de no procesarlos demasiado tiempo o acabarán convertidos en mantequilla.

POR RACIÓN (1 GALLETA) Calorías: 105; grasas: 10 g; proteínas: 3 g; carbohidratos: 2 g; fibra: 1 g; carbohidratos netos: 1 g; grasas 85 % / proteínas 9 % / carbohidratos 6 %

POLOS DE VAINILLA Y ALMENDRAS

CETODESCRIPCIÓN

SIN GLUTEN
VEGETARIANA

8 polos / Tiempo de preparación: 10 minutos, más 4 horas para congelar
/ Tiempo de cocción: 5 minutos

Nada nos gustaba más de pequeños que tomar una golosina helada en un día caluroso de verano. Este es un polo más elegante que los de entonces, que se puede disfrutar después de una barbacoa con amigos. Está hecho simplemente con vainilla y coco, pero puedes enriquecerlo con fruta cortada si quieres que tenga un poco más de textura. Usa moldes baratos para polos de los que se encuentran fácilmente en la mayoría de las tiendas.

2 tazas de leche de almendras
1 taza de nata para montar rica en
  grasa

1 vaina de vainilla cortada por la mitad
  y a lo largo
1 taza de coco rallado sin edulcorante

1. Pon una cacerola mediana a fuego medio y echa la leche de almendras, la nata y la vaina de vainilla.
2. Haz que hierva a fuego lento y reduce a fuego bajo. Continua hirviéndolo durante 5 minutos.
3. Retira la cacerola del fuego y deja que el líquido se enfríe.
4. Saca la vaina de vainilla del líquido y, con un cuchillo, raspa las semillas y déjalas caer en el líquido.
5. Agrega el coco y reparte el líquido entre los moldes.
6. Mételos en el congelador y déjalos hasta que se solidifiquen, unas 4 horas. ¡Que aproveche!

POR RACIÓN (1 POLO) Calorías: 166; grasas: 15 g; proteínas: 3 g; carbohidratos: 4 g; fibra: 2 g; carbohidratos netos: 2 g; grasas 81% / proteínas 9% / carbohidratos 10%

TARTA DE QUESO Y FRAMBUESAS

12 raciones / Tiempo de preparación: 10 minutos /
Tiempo de cocción: 25 a 30 minutos

La tarta de queso es un postre sublime: ácido y dulce, provoca una sensación infinitamente aterciopelada en la lengua. Esta es una tarta de queso sin base, con frambuesas maduras y pulposas y un matiz distintivo de vainilla. Puedes crear variaciones magníficas utilizando cualquier tipo de baya, melocotones en rodajas o ciruelas, o incluso unas cucharadas de cacao en polvo. Una vez encuentres la combinación básica perfecta para esta tarta, experimenta y pon como único límite tu imaginación.

⅔ taza de aceite de coco fundido

½ taza de queso crema a temperatura ambiente

3 cucharadas de edulcorante granulado

6 huevos

1 cucharadita de extracto de vainilla pura sin alcohol

½ cucharadita de levadura en polvo

½ taza de frambuesas

1. Precalienta el horno a 175 °C. Forra un molde para el horno de 20 × 20 cm con papel vegetal y resérvalo.
2. En un tazón grande, bate el aceite de coco y el queso crema hasta que obtengas una textura fina.
3. Agrega los huevos, mientras continúas batiendo, y rebaña los lados del recipiente al menos una vez.
4. Agrega el edulcorante, la vainilla y la levadura en polvo, y sigue batiendo hasta que quede una masa fina.
5. Pon la masa en el molde y aplana la superficie con una espátula. Esparce las frambuesas por encima.
6. Hornea la masa hasta que el centro esté firme, unos 25 o 30 minutos.
7. Deja enfriar la tarta del todo antes de cortarla en 12 cuadrados.

INGREDIENTES ALTERNATIVOS Cualquier tipo de baya hará que esta sofisticada exquisitez quede deliciosa; por ejemplo, arándanos, fresas o moras. Siempre que puedas, usa fruta de temporada en tus recetas y conseguirás mejor sabor y color.

POR RACIÓN (1 CORTE) Calorías: 176; grasas: 18 g; proteínas: 6 g; carbohidratos: 3 g; fibra: 1 g; carbohidratos netos: 2 g; grasas 85 % / proteínas 11 % / carbohidratos 4 %

MOUSSE DE MANTEQUILLA DE CACAHUETE

CETODESCRIPCIÓN

SIN GLUTEN
VEGETARIANA

4 raciones / Tiempo de preparación: 10 minutos, más 30 minutos para enfriar

La mantequilla de cacahuete es un ingrediente delicioso para untar, además de práctico. Se utiliza en multitud de platos en todo el mundo y es la mar de saludable. Comer mantequilla de cacahuete, incluso en este exquisito postre, puede reducir el riesgo de sufrir cáncer o enfermedades cardíacas, además de ayudar a reducir el colesterol. La mantequilla de cacahuete natural tiene un contenido muy elevado en grasas insaturadas, proteínas, fibra y folato.

1 taza de nata para montar rica en grasa

¼ taza de mantequilla de cacahuete natural

1 cucharadita de extracto de vainilla pura sin alcohol

4 gotas de stevia líquida

1. En un bol mediano, bate la nata, la mantequilla de cacahuete, la vainilla y la stevia a punto de nieve, unos 5 minutos.
2. Reparte el mousse en 4 boles y ponlos a enfriar en la nevera durante 30 minutos.
3. Sírvelo.

POR RACIÓN Calorías: 280; grasas: 28 g; proteínas: 6 g; carbohidratos: 4 g; fibra: 1 g; carbohidratos netos: 3 g; grasas 83 % / proteínas 10 % / carbohidratos 7 %

CAPÍTULO 9
BÁSICOS

CETODESCRIPCIÓN

SIN GLUTEN
SIN FRUTOS SECOS
VEGETARIANA

MANTEQUILLA DE AGUACATE CON HIERBAS

2 tazas / Tiempo de preparación: 25 minutos, más 4 horas para enfriar

El aguacate aparece con mucha frecuencia en las recetas de las dietas cetogénicas, porque es una fuente increíble de grasas monoinsaturadas, ácido oleico y ácidos grasos omega-3. El perfil alto en grasa de esta fruta te ayuda a alcanzar tus requerimientos de macronutrientes cetogénicos más fácilmente. Además el aguacate puede aumentar la absorción de betacaroteno de otros ingredientes hasta en un 400 por ciento, y también tiene un alto contenido en fibra y luteína.

¼ taza de mantequilla a temperatura ambiente

1 aguacate pelado, sin hueso y cortado en cuartos

½ limón exprimido

2 cucharaditas de cilantro picado

1 cucharadita de albahaca fresca picada

1 cucharadita de ajo picado

Sal marina

Pimienta negra recién molida

1. Tritura la mantequilla, el aguacate, el zumo de limón, el cilantro, la albahaca y el ajo en un procesador de alimentos hasta conseguir una pasta de textura fina.
2. Sazona la mantequilla con sal y pimienta.
3. Pon la mezcla sobre una hoja de papel vegetal y forma un rulo.
4. Coloca el papel con la mantequilla en la nevera hasta que adquiera una consistencia firme, aproximadamente 4 horas.
5. Sirve esta mantequilla en rodajas con pescado o pollo.
6. Puedes conservar la mantequilla sobrante en el congelador durante 1 semana.

CONSEJO DE PREPARACIÓN Los mejores aguacates para preparar esta mantequilla son las piezas maduras y blandas. Pon los aguacates aún verdes en una bolsa de papel durante algunos días junto con una manzana o un plátano para acelerar el proceso de maduración.

POR RACIÓN (1 CUCHARADA) Calorías: 22; grasas: 2 g; proteínas: 0 g; carbohidratos: 1 g; fibra: 0 g; carbohidratos netos: 1 g; grasas 86 % / proteínas 3 % / carbohidratos 11 %

MANTEQUILLA DE FRESAS

3 tazas / Tiempo de preparación: 25 minutos

Si alguna vez has recolectado tus propias fresas, sin duda recuerdas la embriagadora fragancia dulce de las fresas maduradas en el campo y el intenso sabor de los frutos tibios calentados por el sol. Tanto si las coges como si las compras, es mejor que sean ecológicas, porque las fresas encabezan los doce sucios, la lista de los productos más contaminados con plaguicidas publicada por el Environmental Working Group. Si no consigues encontrarlas, asegúrate de lavarlas a fondo para limitar tu exposición a cualquier resto de pesticida.

2 tazas de coco rallado sin edulcorante

1 cucharada de aceite de coco

¾ taza de fresas frescas

½ cucharada de zumo de limón recién exprimido

1 cucharadita de extracto de vainilla pura sin alcohol

1. Pon el coco en un procesador de alimentos y tritúralo hasta obtener una pasta mantecosa y fina, unos 15 minutos.
2. Agrega el aceite de coco, las fresas, el zumo de limón y la vainilla al procesador y sigue triturando la mezcla hasta que quede muy fina, rebañando los lados del recipiente.
3. Pasa la mantequilla a través de un tamiz fino para colar las semillas de fresa. Utiliza el dorso de una cuchara para presionar la mantequilla sobre el colador.
4. Conserva la mantequilla en un recipiente hermético en la nevera hasta 2 semanas.
5. Extiende una cuchara de esta mantequilla sobre el pollo o el pescado.

POR RACIÓN (1 CUCHARADA) Calorías: 23; grasas: 2 g; proteínas: 0 g; carbohidratos: 1 g; fibra: 0 g; carbohidratos netos: 1 g; grasas 80 % / proteínas 5 % / carbohidratos 15 %

ALIÑO BALSÁMICO ESPECIADO

1 taza / Tiempo de preparación: 4 minutos

Para un cocinero es básico contar con una receta de salsa sencilla que pueda preparar en un momento cuando lo necesita. Las vinagretas no son complicadas, pero hay que usar las proporciones correctas para que el aceite y el ácido se emulsionen. El vinagre balsámico añade un dulzor agradable a este aderezo, y como basta con una pequeña cantidad, apenas aporta carbohidratos a la salsa.

1 taza de aceite de oliva virgen extra

2 cucharadas de orégano fresco picado

1 cucharadita de albahaca fresca picada

¼ taza de vinagre balsámico

1 cucharadita de ajo picado

Sal marina

Pimienta negra recién molida

1. Bate el aceite de oliva y el vinagre en un recipiente pequeño hasta que se emulsionen, unos 3 minutos.
2. Añade el orégano, la albahaca y el ajo sin dejar de batir hasta que la mezcla esté bien combinada, aproximadamente 1 minuto.
3. Sazona el aderezo con sal y pimienta.
4. Pon el aliño en un recipiente hermético y consérvalo en la nevera hasta 1 semana. Agítalo bien antes de usarlo.

POR RACIÓN (1 CUCHARADA) Calorías: 83; grasas: 9 g; proteínas: 0 g; carbohidratos: 0 g; fibra: 0 g; carbohidratos netos: 0 g; grasas 100% / proteínas 0% / carbohidratos 0%

PESTO DE KALE Y HIERBAS

1 ½ tazas / Tiempo de preparación: 15 minutos

La levadura nutricional añade un gusto delicioso, casi caseoso, a este pesto. Le aporta además una buena cantidad de fibra y proteínas. Es también una fabulosa fuente de vitamina B_{12}, que evita una de las deficiencias nutricionales más prevalentes en el mundo. La vitamina B_{12} es crucial para incontables funciones metabólicas y para ayudar a mantener un sistema cardiovascular y un sistema nervioso sanos.

1 taza de kale picado
1 taza de hojas de albahaca fresca
3 dientes de ajo

2 cucharaditas de levadura nutricional
¼ taza de aceite de oliva virgen extra

1. Coloca el kale, la albahaca, el ajo y la levadura en un procesador de alimentos y tritúralos hasta conseguir una mezcla fina, unos 3 minutos.
2. Sin detener el procesador, añade el aceite de oliva al pesto hasta que se forme una pasta espesa, rebañando los lados del recipiente al menos una vez.
3. Si el pesto queda demasiado grueso, añade un poco de agua.
4. Conserva el pesto en un recipiente hermético en la nevera hasta 1 semana.

INGREDIENTES ALTERNATIVOS Para experimentar con otras combinaciones sabrosas, sustituye el kale por espinacas o por cualquier otro vegetal de hoja verde. También puedes utilizar cualquier surtido de hierbas variadas en la misma cantidad que la albahaca en esta receta.

POR RACIÓN (2 CUCHARADAS) Calorías: 44; grasas: 4 g; proteínas: 1 g; carbohidratos: 1 g; fibra: 0 g; carbohidratos netos: 1 g; grasas 82 % / proteínas 9 % / carbohidratos 9 %

SALSA HOLANDESA

2 tazas / Tiempo de preparación: 20 minutos /
Tiempo de cocción: 10 minutos, más 15 minutos para enfriar

Tal vez pienses que preparar esta salsa es muy laborioso, y no te faltaría razón, pero este delicioso acompañamiento untuoso compensa el esfuerzo. No dura más de 2 horas, y solo en el caso de que la temperatura de tu cocina no sea demasiado elevada, así que no prepares más de la necesaria para una comida. Y si le añades un poco de estragón picado tendrás una salsa bearnesa.

1 ½ tazas de mantequilla sin sal
4 yemas de huevo grandes
2 cucharaditas de agua fría

1 limón pequeño exprimido (unas 4 cucharaditas)
1 pizca de sal marina

1. Pon la mantequilla en una cacerola de fondo grueso a fuego muy bajo y derrítela.
2. Retira la cacerola del fuego y deja reposar la mantequilla durante 5 minutos.
3. Retira cuidadosamente la espuma de la parte superior de la mantequilla derretida.
4. Vierte muy lentamente la parte clarificada de la mantequilla (es de color amarillo claro) en un recipiente, dejando los sólidos restantes en el fondo de la cacerola.
5. Descarta los sólidos lácteos y deja que la mantequilla clarificada se enfríe en el recipiente hasta que esté tibia, unos 15 minutos.
6. Pon una cacerola mediana con aproximadamente 8 cm de agua a fuego medio hasta que el agua empiece a hervir.
7. En un recipiente grande de acero inoxidable, echa las yemas y 2 cucharaditas de agua fría y bátelas hasta que estén espumosas y ligeras, unos 3 minutos.
8. Añade 3 o 4 gotas del zumo de limón a las yemas y bátelas durante aproximadamente 1 minuto más.
9. Coloca el recipiente sobre la cacerola, sin que llegue a tocar el agua hirviendo.
10. Bate las yemas hasta que se espesen un poco, de 1 a 2 minutos. Luego retira el recipiente.

11. En un chorro muy fino, ve agregando toda la mantequilla clarificada a la mezcla de huevo, sin dejar de batir hasta que la salsa quede espesa y fina.
12. Bate el resto del zumo de limón y la sal.
13. Esta salsa debe tomarse inmediatamente, o como máximo en 1 hora, y desechar la que sobre.

POR RACIÓN (1 CUCHARADA) Calorías: 173; grasas: 17 g; proteínas: 5 g; carbohidratos: 1 g; fibra: 0 g; carbohidratos netos: 1 g; grasas 86 % / proteínas 11 % / carbohidratos 3 %

CETODESCRIPCIÓN

SIN GLUTEN
SIN FRUTOS SECOS
VEGETARIANA
MENOS DE 30 MINUTOS

ALIÑO VERDE DE ALBAHACA

1 taza / Tiempo de preparación: 10 minutos

La albahaca tiene un sabor único parecido al regaliz y delicadas hojas de color verde oscuro que crean un maravilloso aliño para una ensalada de verano. Es un antibacteriano muy eficaz, lo que significa que es casi imposible que crezcan bacterias en este aliño. La albahaca es muy rica en vitamina K, cobre, flavonoides y manganeso. Puedes cultivarla en casa si tienes una terraza, o en la repisa de la ventana, para tenerla fresca siempre que la necesites para cocinar.

1 aguacate pelado y sin hueso

¼ taza de crema agria

¼ taza de aceite de oliva virgen extra

1 cucharada de zumo de lima recién exprimido

¼ taza de albahaca fresca picada

1 cucharadita de ajo picado

Sal marina

Pimienta negra recién molida

1. Tritura juntos el aguacate, la crema agria, el aceite de oliva, la albahaca, el zumo de lima y el ajo en un procesador de alimentos hasta obtener una pasta fina, rebañando los lados del recipiente.
2. Sazónalo con sal y pimienta.
3. Conserva este aliño en un recipiente hermético en la nevera durante 1 a 2 semanas.

POR RACIÓN (1 CUCHARADA) Calorías: 173; grasas: 17 g; proteínas: 5 g; carbohidratos: 1 g; fibra: 0 g; carbohidratos netos: 1 g; grasas 86 % / proteínas 11 % / carbohidratos 3 %

MAYONESA CREMOSA

4 tazas / Tiempo de preparación: 10 minutos

CETODESCRIPCIÓN

SIN LÁCTEOS
SIN GLUTEN
SIN FRUTOS SECOS
VEGETARIANA
MENOS DE 30 MINUTOS

La mayonesa casera es un acompañamiento verdaderamente sofisticado que puedes preparar en casa, y de este modo usar ingredientes saludables. No es difícil de hacer, especialmente con una batidora de mano o de vaso, aunque también puede prepararse a mano con buenos resultados. Es divertido ver cómo los ingredientes se emulsionan. Puedes conservar la mayonesa en la nevera en un recipiente hermético hasta 4 días.

2 huevos grandes
2 cucharadas de mostaza de Dijon
1 ½ tazas de aceite de oliva
   virgen extra

¼ taza de zumo de limón recién
   exprimido
Sal marina
Pimienta negra recién molida

A MANO

1. Bate los huevos y la mostaza juntos en un tazón grande y pesado hasta que estén bien mezclados, unos 2 minutos.
2. Agrega el aceite en un chorrito fino continuo, removiendo constantemente, hasta que la mayonesa se espese y esté completamente emulsionada.
3. Añade el zumo de limón y remueve hasta que esté bien mezclado.
4. Sazónala con sal y pimienta.

CON BATIDORA

1. Pon los huevos y la mostaza en la batidora y bátelos hasta que quede una crema de textura fina.
2. Sin dejar de batir, ve añadiendo poco a poco el aceite en un chorro fino hasta que la mayonesa se espese y quede completamente emulsionada.
3. Añade el zumo de limón y bate pare mezclarlo.
4. Sazónala con sal y pimienta.

POR RACIÓN (2 CUCHARADAS) Calorías: 61; grasas: 7 g; proteínas: 0 g; carbohidratos: 0 g; fibra: 0 g; carbohidratos netos: 0 g; grasas 97 % / proteínas 2 % / carbohidratos 1%

CETODESCRIPCIÓN

SIN LÁCTEOS
SIN GLUTEN
SIN FRUTOS SECOS

CALDO SUCULENTO DE TERNERA

8 a 10 tazas / Tiempo de preparación: 15 minutos /
Tiempo de cocción: 12 ½ horas, más 30 minutos para enfriar

Si nunca has preparado caldo antes, tal vez te preguntes dónde encontrar los huesos para esta receta. Los huesos de ternera se encuentran a menudo en las secciones de productos cárnicos del supermercado, generalmente un poco apartados, cerca de la lengua y los riñones, y a menudo envasados y a la vista. Si tu supermercado no tiene huesos de carne en el refrigerador o en el congelador, pregunta a tu carnicero (puede que tengan algunos en el almacén), y si no le quedan, puedes encangar que te los guarden cuando reciban el próximo pedido.

900 a 1350 g de huesos de ternera
   (tuétano, codillo, costilla y otros
   huesos)
8 granos de pimienta negra
5 ramitas de tomillo
3 dientes de ajo pelados y aplastados
1 zanahoria lavada y cortada en dados
   de 5 cm

2 hojas de laurel
1 tallo de apio cortado en trozos
   grandes
½ cebolla pelada cortada en cuartos
4 litros de agua
1 cucharadita de aceite de oliva
   virgen extra

1. Precalienta el horno a 190 °C.
2. Pon los huesos de carne en una cazuela de hornear profunda y ásalos en el horno durante unos 30 minutos.
3. Luego ponlos en una olla de caldo grande y agrega los granos de pimienta, el tomillo, el ajo, las hojas de laurel, la zanahoria, el apio y la cebolla.
4. Agrega el agua, asegurándote de que los huesos queden cubiertos del todo.
5. Pon la olla a fuego fuerte y haz que hiervan los ingredientes. Luego baja el fuego para que el caldo se haga poco a poco.

6. Comprueba el caldo cada hora, al menos durante las primeras 3 horas, y retira toda la espuma que se forme por encima.

7. Hierve el caldo durante 12 horas en total y luego retira la olla del fuego. Enfríalo durante unos 30 minutos.

8. Retira todos los huesos grandes con pinzas y cuela el caldo con un colador de malla fina. Descarta las verduras y los huesos sobrantes.

9. Reparte el caldo en recipientes con tapas que cierren bien y deja que se enfríe del todo antes de guardarlo en la nevera, donde se conservará hasta 5 días, o en el congelador hasta 2 meses.

POR RACIÓN (1 TAZA) Calorías: 65; grasas: 5 g; proteínas: 4 g; carbohidratos: 1 g; fibra: 0 g; carbohidratos netos: 1 g; grasas 70 % / proteínas 25 % / carbohidratos 5 %

ALIÑO CÉSAR CLÁSICO

CETODESCRIPCIÓN

SIN LÁCTEOS
SIN GLUTEN
SIN FRUTOS SECOS
MENOS DE 30 MINUTOS

1 ½ tazas / Tiempo de preparación: 10 minutos, más 10 minutos para enfriar / Tiempo de cocción: 5 minutos

Antaño el aliño César solo se encontraba en los restaurantes de lujo, preparado por camareros con pajarita que mezclaban los ingredientes al lado de la mesa de los comensales en grandes boles de madera. Este tipo de espectáculo ya no es parte de la mayoría de las experiencias gastronómicas, pero el aliño sigue siendo uno de los más populares. Si quieres una versión aún más auténtica, añádele una cucharadas de pasta de anchoa junto con la mostaza y el vinagre.

2 cucharaditas de ajo picado
4 yemas de huevo grandes
¼ taza de vinagre de vino
½ cucharadita de mostaza seca
Unas gotas de salsa Worcestershire

1 taza de aceite de oliva virgen extra
¼ taza de zumo de limón recién exprimido
Sal marina
Pimienta negra recién molida

1. Echa el ajo, las yemas de huevo, el vinagre, la mostaza y la salsa Worcestershire a una cazuela pequeña y ponla a fuego bajo.
2. Hierve la mezcla sin dejar de removerla hasta que espese y burbujee un poco, unos 5 minutos.
3. Retira la cacerola del fuego y déjala reposar unos 10 minutos para que se enfríe.
4. Pon la mezcla en un recipiente grande de acero inoxidable. Agrega el aceite de oliva en un chorrito sin dejar de remover.
5. Añade el zumo de limón y sazona con sal y pimienta.
6. Pon el aliño en un recipiente hermético y consérvalo en la nevera hasta 3 días.

PARA SABER MÁS Si te preocupa usar yemas de huevo crudo, puedes sustituirlas por huevos pasteurizados, a la venta en la mayoría de cadenas de supermercados. Puedes encontrarlos junto a huevos normales y especiales en la sección de lácteos.

POR RACIÓN (2 CUCHARADAS) Calorías: 180; grasas: 20 g; proteínas: 1 g; carbohidratos: 1 g; fibra: 0 g; carbohidratos netos: 1 g; grasas 96 % / proteínas 2 % / carbohidratos 2 %

CALDO DE POLLO CON HIERBAS

8 tazas / Tiempo de preparación: 15 minutos /
Tiempo de cocción: 12 horas más 30 minutos para enfriar

CETODESCRIPCIÓN

SIN LÁCTEOS
SIN GLUTEN
SIN FRUTOS SECOS

El caldo de pollo queda bien con muchos vegetales y sabores de hierbas. Sin embargo, trata de añadir siempre cebollas, que contienen quercetina, un flavonoide que permanece en el caldo después de colarlo. La quercetina puede ayudar a prevenir la diabetes, combatir el cáncer y fomentar la salud del sistema cardiovascular.

2 carcasas de pollo (ver recomendación)
6 granos de pimienta negra
4 ramitas de tomillo
3 hojas de laurel
2 tallos de apio cortado en cuartos

1 zanahoria lavada y en trozos grandes
1 cebolla dulce pelada y cortada en cuartos
4 l de agua fría (la necesaria para cubrir las carcasas y los vegetales)

1. Pon las carcasas de pollo en una olla grande con los granos de pimienta, el tomillo, las hojas de laurel, el apio, la zanahoria y la cebolla.
2. Añade suficiente agua para que las carcasas y las verduras queden completamente cubiertas y pon a hervir a fuego alto. Lleva a ebullición y luego reduce a fuego lento y suave, removiendo de vez en cuando durante 12 horas.
3. Retira la olla del fuego y deja que el caldo se enfríe durante 30 minutos. Retira los huesos grandes con unas pinzas y luego cuela el caldo en un colador de malla fina. Desecha los trozos sólidos.
4. Vierte el caldo en recipientes con tapas que ajusten bien y deja que se enfríen del todo. Consérvalo en la nevera hasta 5 días o congélalo hasta 3 meses.

CONSEJO DE PREPARACIÓN Las carcasas de pollo pueden congelarse en bolsas con autocierre. Cuando tengas dos o tres, prepara este delicioso caldo echando las carcasas congeladas en la olla.

POR RACIÓN (1 TAZA) Calorías: 73; grasas: 5 g; proteínas: 5 g; carbohidratos: 2 g; fibra: 0 g; carbohidratos netos: 2 g; grasas 62% / proteínas 27% / carbohidratos 11%

CONSEJOS PARA COMER FUERA DE CASA

Es fácil evitar las tentaciones cuando comes en casa. Pero ¿qué pasa cuando comes fuera? Mantener una cetodieta en esos casos puede ser difícil al principio, pero algunas sencillas recomendaciones y un poco de práctica pueden hacértelo más fácil.

DESAYUNO

No tomes bagels, tortitas, gofres, tostadas ni nada parecido. Mejor come una tortilla, unos huevos con un poco de salchicha o jamón. Evita el pan y las patatas.

COMIDA

Pide una ensalada con mucha carne, alguna tipo César o una con pollo. Añade mucho aceite de oliva y sal (electrolitos). Después te sentirás genial y contarás con un montón de energía hasta la cena. Los carbohidratos son la razón por la que entra sueño después de comer. Líbrate de esa molestia.

CENA

Cuando tomes una hamburguesa, pide que te la envuelvan en lechuga. Si no pueden, simplemente pídela sin pan. Si te la traen con pan, retira la carne y todo lo demás y deja el pan a un lado. No tomes tampoco ketchup; está cargado de azúcar. Prueba la mayonesa, la mostaza, la salsa de pimiento rojo, la sriracha o cualquier otra salsa baja en calorías.

En los restaurantes italianos, sáltate la pasta y la pizza, y pide platos con alto contenido en proteínas. Recuerda pedir ensalada o alguna alternativa baja en carbohidratos como guarnición. Si ninguna de esas opciones está disponible, pide una pizza y cómete todo lo que lleve menos la masa.

En el caso de la cocina mexicana, intenta que te sirvan la comida en un bol en lugar de en un burrito. No tomes arroz ni alubias. En su lugar, toma más crema agria y guacamole.

GUARNICIONES

Las patatas fritas o en gajos, el puré de patatas, las patatas asadas, el arroz, las alubias, las mazorcas de maíz, los panes con aderezos y cualquier otra guarnición puede sustituirse con ensalada, espárragos, brócoli, judías verdes o cualquier otro vegetal bajo en carbohidratos. La mayoría de los restaurantes tiene algún tipo de ensalada que puedes escoger. Recuerda siempre preguntarlo al camarero.

BEBIDAS Y ALCOHOL

En lugar de zumos o refrescos, toma agua, té y café. Usa nata rica en grasa o mitad y mitad en lugar de leche.

Además de grasa, carbohidratos y proteínas, el alcohol también es un macronutriente. Proporciona 7 calorías por gramo, el segundo después de la grasa, que proporciona 9 calorías por gramo. El organismo lo elimina antes que el resto de los macronutrientes. Si bebes demasiado alcohol, ralentizarás el proceso de quema de grasa y no perderás peso, si es que ese es tu objetivo.

Si vas a pedir alcohol, evita cualquier cóctel, porque están cargados de azúcar. El vino seco o semiseco tiene cerca de 3 gramos de carbohidratos por copa, y las cervezas con bajo contenido en carbohidratos (como Michelob Ultra y Modelo) tienen de 3 a 4 gramos de carbohidratos por botella. Bebidas como el vodka, el coñac, el brandy, el bourbon, el whisky, el ron, el tequila y la ginebra contienen cero carbohidratos. Como siempre, bebe con moderación, cuídate y disfruta

LOS DOCE SUCIOS Y LOS QUINCE LIMPIOS

Una organización no gubernamental dedicada a la defensa del medio ambiente y la salud llamada Environmental Working Group (EWG, por sus siglas en inglés) examina los datos suministrados por el Departamento de Agricultura de Estados Unidos (USDA, por sus siglas en inglés) y la Administración de Alimentos y Medicamentos (FDA, por sus siglas en inglés) sobre residuos de plaguicidas. Cada año confecciona una lista de los cultivos comerciales con mayores o menores cargas de pesticidas. Puedes utilizar estas listas para decidir en qué frutas y verduras vale la pena invertir y comprarlos ecológicos, para minimizar así tu exposición a los plaguicidas, y cuáles se consideran lo bastante seguros para comprar los convencionales. Esto no significa que estén libres de pesticidas; por tanto, lava estas frutas y verduras a fondo.

Estas listas cambian cada año, así que asegúrate de buscar la más reciente antes de llenar tu carrito de la compra. Encontrará las últimas versiones de las listas y una guía de pesticidas en los productos en EWG.org/FoodNews.

Los doce sucios

- Apio
- Espinacas
- Fresas
- Guisantes de vaina comestible
- Manzanas
- Melocotones
- Nectarinas
- Patatas
- Pepinos
- Pimiento morrón dulce
- Tomates cherry
- Uvas

Kale / Verduras de la familia de la col y pimientos picantes*

Los quince limpios

- Aguacates
- Berenjenas
- Boniatos
- Calabaza
- Cebollas
- Coliflor
- Espárragos
- Guisantes (congelados)
- Kiwis
- Maíz
- Mangos
- Melón (local)
- Papayas
- Piñas
- Pomelos

*Además de los doce sucios, el EWG ha añadido dos vegetales contaminados con insecticidas organofosforados muy tóxicos.

CUADROS DE CONVERSIÓN DE MEDIDAS

EQUIVALENCIAS DE VOLUMEN (LÍQUIDOS)

MEDIDAS EN ESTADOS UNIDOS	MEDIDAS EN ESTADOS UNIDOS (ONZAS LÍQUIDAS)	SISTEMA MÉTRICO (APROXIMADO)
2 cucharadas	1 fl. oz.	30 ml
¼ taza	2 fl. oz.	60 ml
½ taza	4 fl. oz.	120 ml
1 taza	8 fl. oz.	240 ml
1 ½ tazas	12 fl. oz.	355 ml
2 tazas o 1 pinta	16 fl. oz.	475 ml
4 tazas o 1 litro	32 fl. oz.	1 l
1 galón	128 fl. oz.	4 l

TEMPERATURAS DE COCCIÓN EN HORNO

FAHRENHEIT (F)	CELSIUS (C) (APROXIMADO)
250 °F	120 °C
300 °F	150 °C
325 °F	165 °C
350 °F	180 °C
375 °F	190 °C
400 °F	200 °C
425 °F	220 °C
450 °F	230 °C

EQUIVALENCIAS DE VOLUMEN (EN SECO)

ESTÁNDAR EN ESTADOS UNIDOS	SISTEMA MÉTRICO (APROXIMADO)
¼ cucharadita	1 ml
½ cucharadita	2 ml
1 cucharadita	5 ml
1 cucharada	15 ml
¼ taza	59 ml
⅓ taza	79 ml
½ taza	118 ml
1 taza	235 ml

EQUIVALENCIAS DE PESO

ESTÁNDAR EN ESTADOS UNIDOS	SISTEMA MÉTRICO (APROXIMADO)
½ onza	15 g
1 onza	30 g
2 onzas	60 g
4 onzas	115 g
8 onzas	225 g
12 onzas	340 g
16 onzas o 1 libra	455 g

RECURSOS

PÁGINAS WEB Y BLOGS EN INGLÉS

dietdoctor.com Diet Doctor es una web orientada al consumo reducido de carbohidratos que publica artículos, recetas y vídeos educativos.

ketodietapp.com Keto Diet App es un blog de alimentación cetogénica y un gran recurso para encontrar artículos con fundamento científico, además de recetas. También cuenta con una aplicación para móviles que incluye recetas, artículos, plan de comidas y seguimiento del progreso.

tasteaholics.com Tasteaholics es una web centrada en la dieta cetogénica y un recurso que proporciona artículos con fundamento científico y recetas.

authoritynutrition.com/ketogenic-diet-101 Authority Nutrition no se centra exclusivamente en las dietas cetogénicas, pero proporciona numerosos artículos con fundamento científico y es una gran referencia general.

alldayidreamaboutfood.com Uno de los blogs más antiguos de recetas cetogénicas, con más recetas que cualquier otro.

reddit.com/r/keto Una gran comunidad con cientos de miles de usuarios, donde se comparten los progresos y los antojos, y se proporciona apoyo mutuo.

LIBROS

Moore, Jimmy y Eric Westman. *Keto Clarity: Your Definitive Guide to the Benefits of a Low-Carb, High-Fat Diet* (2014), Las Vegas, NV: Victory Belt Publishing.
Una gran lectura y una profundización en los estudios científicos que sustentan la dieta cetogénica y en sus beneficios.

Givens, Sara. *Ketogenic Diet Mistakes: You Wish You Knew* (2014), Amazon Books.
Si has dejado de perder peso o tienes algún otro problema, este libro puede ayudarte a superarlo y a alcanzar tus metas.

APLICACIONES Y HERRAMIENTAS EN LÍNEA

Keto Macro Calculators: tasteaholics.com/keto-calculator La más simple y fácil.

keto-calculator.ankerl.com La más compleja y detallada.

ketogains.com/ketogains-calculator Una calculadora sencilla que solo muestra números y no incluye cuadros.

MyFitnessPal (aplicación) Un diario de dietas y ejercicios que permite hacer el seguimiento de comidas y calorías, calcular de forma automática el aporte nutricional y llevar un diario de ejercicio y de gasto de calorías, además de muchas otras características.

REFERENCIAS

Allen, B. G.; S. K. Bhatia, J. M. Buatti, K. E. Brandt *et al.* «Ketogenic Diets Enhance Oxidative Stress and Radio-Chemo-Therapy Responses in Lung Cancer Xenografts». *Clinical Cancer Research* 19, n.º 14 (julio 2013): 3905-3913. doi:10.1158/1078-0432.

Allen, Bryan G.; Sudershan K. Bhatia, Carryn M. Anderson, Julie M. Eichenberger-Gilmore *et al.* «Ketogenic Diets as an Adjuvant Cancer Therapy: History and Potential Mechanism». *Redox Biology,* vol. 2 (2014): 963-970. doi:10.1016/j.redox.2014.08.002.

Aude, Y.; A. S. Agatston, F. López-Jiménez *et al.* «The National Cholesterol Education Program Diet vs a Diet Lower in Carbohydrates and Higher in Protein and Monounsaturated Fat: A Randomized Trial». *JAMA Internal Medicine* 164, n.º 19 (2004): 2141-2146. doi: 10.1001/archinte.164.19.2141.

Brehm, Bonnie J.; Randy J. Seeley, Stephen R. Daniels y David A. D'Alessio. «A Randomized Trial Comparing a Very Low Carbohydrate Diet and a Calorie- Restricted Low Fat Diet on Body Weight and Cardiovascular Risk Factors in Healthy Women». *The Journal of Clinical Endocrinology & Metabolism* 88, n.º 4 (January 2009). doi: 10.1210/jc.2002-021480.

Brinkworth, Grant D.; Manny Noakes, Jonathan D. Buckley, Jennifer B. Keogh y Peter M. Clifton. «Long-Term Effects of a Very-Low-Carbohydrate Weight Loss Diet Compared with an Isocaloric Low-Fat Diet after 12 Mo». *The American Journal of Clinical Nutrition* 90, n.º 1 (julio 2009): 23-32. doi:10.3945/ajcn.2008.27326.

Chowdhury, R.; S. Warnakula, S. Kunutsor, F. Crowe, H. A. Ward *et al.* «Association of Dietary, Circulating, and Supplement Fatty Acids with Coronary Risk: A Systematic Review and Meta-Analysis». *Annals of Internal Medicine* 160 (2014): 398-406. doi:10.7326/M13-1788.

Daly, M. E.; R. Paisey, B. A. Millward *et al.* «Short-Term Effects of Severe Dietary Carbohydrate-Restriction Advice in Type 2 Diabetes—a Randomized Controlled Trial». *Diabetic Medicine* 23, n.º 1 (enero 2006): 15-20. doi:10.1111/j.1464-5491.2005.01760.x.

Davis, C., y E. Saltos. «Dietary Recommendations and How They Have Changed Over Time», *Agriculture Information Bulletin,* n.º (AIB-750) 494 pp, U.S. Department of Agriculture (mayo 1999): 36-44. www.ers.usda.gov/media/91022/aib750b_1_.pdf.

De Lau, L. M.; M. Bornebroek, J. C. Witteman, A. Hofman *et al.* «Dietary Fatty Acids and the Risk of Parkinson Disease: The Rotterdam Study». *Neurology* 64, n.º 12 (junio 2005): 2040-2045. doi:10.1212/01.WNL.0000166038.67153.9F.

Freeman, J. M.; E. P. Vining, D. J. Pillas, P. L. Pyzik *et al.* «The Efficacy of the Ketogenic Diet-1998: A Prospective Evaluation of Intervention in 150 Children». *Pediatrics* 102, n.º 6 (diciembre 1998): 1358-1363. www.ncbi.nlm.nih.gov/pubmed/9832569/.

Fryar, C. D.; M. D. Carroll y C. L. Ogden. «Prevalence of Overweight, Obesity, and Extreme Obesity Among Adults: United States, 1960-1962 Through 2011-2012». Centers for Disease Control and Prevention, septiembre 2014. www.cdc.gov/nchs/data/hestat/obesity_adult_11_12/obesity_adult_11_12.htm#table2.

Hemingway, C.; J. M. Freeman, D. J. Pillas y P. L. Pyzik. «The Ketogenic Diet: A 3- to 6-Year Follow-Up of 150 Children Enrolled Prospectively. *Pediatrics* 108, n.º 4 (octubre 2001): 898-905. www.ncbi.nlm.nih.gov/pubmed/11581442/.

Henderson, S. T. «High Carbohydrate Diets and Alzheimer's Disease». *Medical Hypotheses* 62, n.º 5 (2014): 689-700. doi:10.1016/j.mehy.2003.11.028.

Neal, E. G.; H. Chaffe, R. H. Schwartz, M. S. Lawson *et al.* «The Ketogenic Diet for the Treatment of Childhood Epilepsy: A Randomised Controlled Trial». *Lancet Neurology* 7, n.º 6 (junio 2008): 500-506. doi:10.1016/S1474-4422(08)70092-9.

Otto, C.; U. Kaemmerer, B. Illert, B. Muehling *et al.* «Growth of Human Gastric Cancer Cells in Nude Mice Is Delayed by a Ketogenic Diet Supplemented with Omega-3 Fatty Acids and Medium-Chain Triglycerides». *BMC Cancer* 8 (abril 2008): 122. doi:10.1186/1471-2407-8-122.

Paoli, Antonio; Antonino Bianco, Ernesto Damiani y Gerardo Basco. «Ketogenic Diet in Neuromuscular and Neurodegenerative Diseases». *Biomed Research International* 474296 (2014). doi:10.1155/2014/474296.

Samaha, Frederick F.; Nayyar Iqbal, Prakash Seshadri, Kathryn L. Chicano *et al.* «A Low-Carbohydrate as Compared with a Low-Fat Diet in Severe Obesity». *The New England Journal of Medicine* 348 (mayo 2003): 2075-2081. doi:10.1056/NEJMoa022637.

Siri-Tarino, P. W.; Q. Sun, F. B. Hu y R. M. Krauss. «Meta-Analysis of Prospective Cohort Studies Evaluating the Association of Saturated Fat with Cardiovascular Disease». *American Journal of Clinical Nutrition* 91, n.º 3 (marzo 2010): 535-546. doi:10.3945/ajcn.2009.27725.

Sondike, Stephen B.; Nancy Copperman y Marc S. Jacobson. «Effects of a Low-Carbohydrate Diet on Weight Loss and Cardiovascular Risk Factor in Overweight Adolescents». *The Journal of Pediatrics* 142, n.º 3 (marzo 2003): 253-258. doi: 10.1067/mpd.2003.4.

«Statistics About Diabetes». American Diabetes Association. www.diabetes.org/diabetes-basics/statistics/.

Tetzloff, W.; F. Dauchy, S. Medimagh, D. Carr, A. Bärr. «Tolerance to Subchronic, High-Dose Ingestion of Erythritol in Human Volunteers». *Regulatory Toxicology and Pharmacology* 24, no, 2 (octubre 1996): S286-295. doi:10.1006/rtph.1996.0110.

Vanitallie, T. B.; C. Nonas, A. Di Rocco, K. Boyar, S. B. Heymsfield. «Treatment of Parkinson Disease with Diet-Induced Hyperketonemia: A Feasibility Study». *Neurology* 64, n.º 4 (febrero 2005): 728-730. doi:10.1212/01.WNL.0000152046.11390.45.

Volek, J. S.; S. D. Phinney, C. E. Forsythe *et al.* «Carbohydrate Restriction Has a More Favorable Impact on the Metabolic Syndrome than a Low Fat Diet». *Lipids* 44, n.º 4 (2009): 297. doi:10.1007/s11745-008-3274-2.

Volek, J. S.; M. J. Sharman, A. L. Gómez, D. A. Judelson *et al.* «Comparison of Energy-Restricted Very Low-Carbohydrate and Low-Fat Diets on Weight Loss and Body Composition in Overweight Men and Women». *Nutrition & Metabolism* 1 (2004): 13. doi: 10.1186/1743-7075-1-13.

Westman, Eric C.; William S. Yancy, John C. Mavropoulos, Megan Marquart y Jennifer R. McDuffie. «The Effect of a Low-Carbohydrate, Ketogenic Diet versus a Low-Glycemic Index Diet on Glycemic Control in Type 2 Diabetes Mellitus». *Nutrition & Metabolism* 5 (2008): 36. doi:10.1186/1743-7075-5-36.

Zuccoli, G.; N. Marcello, A. Pisanello, F. Servadei *et al.* «Metabolic Management of Glioblastoma Multiforme Using Standard Therapy Together with a Restricted Ketogenic Diet: Case Report». *Nutrition & Metabolism* 7 (2010): 33. doi:10.1186/1743-7075-7-33.

ÍNDICE DE RECETAS

ÍNDICE POR MATERIAS

DIETA CETOGÉNICA, RECETAS DE 30 MINUTOS (O MENOS)

100 recetas de bajo contenido en carbohidratos, fáciles de preparar y cocinar en pocos minutos, para mejorar la salud y perder peso

MARTINA SLAJEROVA

La dieta cetogénica se está convirtiendo a pasos agigantados en el plan alimenticio de referencia para mantener una buena salud, revertir enfermedades y lograr el peso ideal.

LA COCINA AUTOINMUNE

Recetas paleo para tratar las enfermedades autoinmunes

MICKEY TRESCOTT

La cocina autoinmune explica detalladamente cómo llegar a la causa raíz de las enfermedades autoinmunes y controlarlas —e incluso revertirlas— mediante el protocolo paleo, gracias al cual la autora consiguió recuperarse de sus dolencias. Para facilitar al lector la incorporación de este nuevo estilo de vida y nutrición, Trescott propone 112 exquisitas recetas paleo que prescinden de los alérgenos más comunes.

CETO PARA EL CÁNCER

El empleo de la terapia metabólica cetogénica como estrategia nutricional

MIRIAM KALAMIAN

Ceto para el cáncer describe en profundidad el potencial terapéutico de la dieta cetogénica, que va mucho más allá de simplemente dejar de alimentar al cáncer, y se centra en el poderoso impacto que esta forma de alimentación ejerce sobre el metabolismo de las células cancerígenas.